叶宇斌 / 编著

美育·美学

广东省中小学名教师工作室
教学行动研究

中国文联出版社

图书在版编目（CIP）数据

美育·美学：广东省中小学名教师工作室教学行动研究 / 叶宇斌编著. -- 北京：中国文联出版社，2024.6. -- ISBN 978-7-5190-5531-8

Ⅰ. G635.12

中国国家版本馆CIP数据核字第20246WD229号

编　　者　叶宇斌
责任编辑　刘　旭
责任校对　秀点校对
装帧设计　刘贝贝　李　娜

出版发行　中国文联出版社有限公司
社　　址　北京市朝阳区农展馆南里10号　　邮编　100125
电　　话　010-85923025（发行部）　010-85923091（总编室）
经　　销　全国新华书店等
印　　刷　三河市龙大印装有限公司

开　　本　880毫米×1230毫米　　1/16
印　　张　14
字　　数　237千字
版　　次　2024年6月第1版第1次印刷
定　　价　68.00元

序 言

追寻教育理想　绽放绚丽人生

——走进广东省中小学叶宇斌名教师工作室

名师是指具有一定知名度、美誉度和专业影响力，业绩突出、富有创造精神的优秀教师，也是具有高尚的职业道德、先进独到的教育思想、突出的教育业绩和丰硕的教育科研成果的优秀教师。广东省名教师工作室主持人叶宇斌老师就是这样的一位名师。

广东省中小学叶宇斌名教师工作室坐落于广东省汕尾市海丰县彭湃中学，工作室成员是来自全市各校的美术骨干教师。当你走进广东省中小学叶宇斌名教师工作室时，一定会被叶宇斌老师和工作室成员们那种教育情怀、工作热情、乐于探究的精神所感动，当你进一步了解了他们所做的探索实践时，也一定会被他们取得的累累硕果所震惊。

广东省中小学叶宇斌名教师工作室是一个目标清晰、理想远大、制度周密的先锋团队，他们立足本职，关注学科前沿，勇于探究创新，所开展的教育教学研究与改革探究让我们惊喜地看到了他们的专业精神与探索勇气。

综观广东省中小学叶宇斌名教师工作室，首先你能感觉到：他们在工作室主持人叶宇斌老师的带领下，非常注重教师队伍教育教学理论水平的提高，他们定期组织工作室成员进行理论学习与各种学术研讨活动，通过阅读与分享让大家思考在核心素养观下的教育教学如何发生新的转变，以及在实践教学中如何进行教育创新与教学改革。叶宇斌老师的团队特别注重地方优秀传统文化的整理与发掘。基于广东文化艺术特色，他们在课堂内外进行美术教学时，把地方民间美术特色融入教学实践，由此，学生们创作了大量具有地方民间特色的美术作品。他们还开发整理出具有地方特色的校本课程，让当地民间美术特色得到了深入发掘与传承。

广东省中小学叶宇斌名教师工作室关注生活，组织工作室成员积极投身于美术创作，先后创作出多批优秀的书画作品。他们还多次组织写生活动，并通过举办教师展览、出版画册来促进教师专业能力的提高。

综观广东省中小学叶宇斌名教师工作室，其次你能感觉到：在工作室主持人叶宇斌的组织下，工作室全体教师能注重教学研究与课堂教学实践探索，他们经常组织学生深入民间收集与整理当地传统文化，并以“传承家乡文化　绘制风土人情”为主题，组织学生进行地方民间美术特色美术创作。这些美术作品具有强烈而浓郁的地方文化特色，也具有一定的艺术水平，走进叶宇斌老师的美术教室，你一定会被映入眼帘的学生创作的民间美术作品所深深震撼，这些美术作品也受到了参观者的一致好评。

叶宇斌老师经常组织工作室成员进行课堂教学研究，组织课堂教学创新性教学研讨。在美术鉴赏课堂上，叶宇斌老师带头努力践行着核心素养观下的课堂改革与实践，他深深懂得，现代课堂要提升学生的核心素养就要在真实情境中提高学生解决问题的能力。他组织学生进行自主合作探究性的美术鉴赏课堂教学，形式丰富，学生乐于参与，学习热情高，那一节节学生走向讲台讲授的美术鉴赏课堂实录，那一篇篇学生们撰写的美术鉴赏心得体会，让学生真正获得了“做事”的能力，也充分展示出了叶宇斌老师和工作室成员们课堂改革探索的成功。

综观广东省中小学叶宇斌名教师工作室，最后你能感觉到：叶宇斌名教师工作室是教师成长的孵化器，是教师成长的摇篮。名师出高徒，在名教师工作室里，叶宇斌老师通过对教师进行直接的、具体的指导，言传身教，能使教师受益更多、成长更快。叶宇斌名教师工作室同样是教研与教学的结合体，是教学改革的试验田，还是教师们思想交流的园地。教师们在这里可以各显特长，共同研究，集思广益，改革创新。叶宇斌名教师工作室还是工作室成员专业成长的场所，是专业水平提高的加油站。广东省中小学叶宇斌名教师工作室自成立以来，为全市各类教研活动的深入开展、为全市美术教师的专业成长、为挖掘整理当地优秀的民间传统文化以及为美术课堂教学创新性的研究做出了重要贡献。特别是在完成广东省教育厅组织的省骨干教师跟岗学习中，他们精心策划，方案详尽、措施得当、活动丰富，让跟岗教师有很好的归属感，有学习的方向和提高的信念。在叶宇斌老师的组织下，来自全省各地的跟岗教师非常感恩在这里的跟岗学习让他们的能力有了很大提高，获得了前行的方向。同时，广东省中小学叶宇斌名教师工作室的建立、活动的开展以及成果的取得为全省提供了宝贵的经验。

叶宇斌作为广东省中小学叶宇斌名教师工作室的主持人，以他对教育的理解高度引领着工作室的成员和跟岗的教师们，带领我们的教师不断探索创新，为开拓最有效的路径、方法、思想去进行教育实践，为我们创造出了非常有意义、有价值的经验。

我和叶宇斌老师是多年的好朋友，我一直欣赏他对教育深刻的理解、对工作勤勉的热情、对教学创新的探究、对专业执着的追求、对朋友真诚的友谊，这些非常值得我们欣赏与学习。叶宇斌老师在教育教学上的思考与研究、改革创新的勇气与信念以及所获得的丰硕成果是他一种精神的体现，也是他勤奋努力的诠释。

最美好的教育方式就是和一群志同道合的人一起走在理想的路上，回头有一路的故事，低头有坚实的脚步，抬头有清晰的远方。广东省中小学叶宇斌名教师工作室主持人与全体成员就是一群这样的老师。

有一首歌叫《同一首歌》，我时常唱起——“鲜花曾告诉我你怎样走过，大地知道你心中的每一个角落，甜蜜的梦啊谁都不会错过，终于迎来今天这欢聚时刻。水千条山万座我们曾走过，每一次相逢和笑脸都彼此铭刻，在阳光灿烂欢乐的日子里，我们手拉手啊想说的太多……”

这首歌也是广东省中小学叶宇斌名教师工作室全体成员一路走来努力奋斗的真实写照，祝愿他们坚实脚步，勇敢创新，去创造出新的辉煌。

房尚昆

房尚昆

正高级教师、特级美术教师。中国美术家协会会员、教育部首批“国培计划”美术学科专家、教育部普通高中课程标准修订审议专家、国家九年制义务教育课标修订组核心成员、人民教育出版社高中美术教科书副总主编、《中国书画》主编、国家艺术类核心期刊《中国中小学美术》编委、广东省学校艺术教育指导委员会委员、广东省基础教育指导委员会专家组成员、广东省首批教师工作室主持人、广东省“百千万名师培养工程”项目导师。曾获得“全国优秀美术教师”和广东省“南粤优秀美术教师”、广东省教育系统模范共产党员、深圳市“十佳师德标兵”等荣誉称号，以及“广东中华文化基金金质奖章”。

目 录

第一篇 工作室及主持人简介

002 主持人简介

005 工作室建设

006 工作室特色

009 入室学员培养

第二篇 工作室活动

014 广东省新一轮（2021—2023年）中小学名教师、名校（园）长、名班主任工作室启动授牌

016 学研教三维交互式引领成长，打造艺术教师培养新样本

——记广东省叶宇斌名教师工作室创新建设机制

019 汕尾市省级“三名”工作室主持人教与学、研与培情况报道：广东省叶宇斌名教师工作室

022 广州大学赴汕尾市开展美育浸润计划强师工程与协同育人系列活动

028 广州大学—汕尾市美育浸润行动计划强师工程来穗专题培训活动

032 名师引领，向美而行

——广东省中小学叶宇斌名教师工作室2021年度集中研修活动

035 开卷有益 瀚墨薪传

——广东省中小学叶宇斌名教师工作室2021年度集中研修读书分享和书法研修活动

039 开卷有益

——广东省中小学叶宇斌名教师工作室2021年度集中研修第一次读书分享感悟

044 汕尾市省级新一轮（2021—2023年）中小学（含特教）名教师工作室调研指导工作会议

047 广东第二师范学院美术学院领导、教授莅临工作室指导教研

049 集中教学 提高能力

——广东省中小学叶宇斌名教师工作室省骨干教师跟岗集体研修活动

051　海丰县域省、市“三名”工作室联合揭牌仪式
——广东省中小学叶宇斌名教师工作室省骨干教师跟岗集体研修活动
056　联合研修　写生创作
——广东省中小学叶宇斌名教师工作室省骨干教师跟岗集体研修活动
061　上课示范　书法研修
——广东省中小学叶宇斌名教师工作室省骨干教师跟岗集体研修活动
068　跟岗研修小结
——广东省中小学叶宇斌名教师工作室省骨干教师跟岗集体研修活动总结
078　2022年“美育风采”强师工程和协同育人系列教研活动
100　参加广东省中小学名教师工作室名师代表课活动

第三篇　工作室作品展示

106　喜迎二十大　奋进新征程
——广东省中小学叶宇斌名教师工作室书法美术作品展
113　惠风和畅
——广东省中小学叶宇斌名教师工作室2022年新春作品网络展
121　以美育人　艺呼百应
——“希望的田野——百名乡村美术教师优秀作品集”征集活动
123　绘海听涛　扬帆起航
——广东省中小学叶宇斌名教师工作室2022年写生创作活动
131　以美育人
——广东省中小学叶宇斌名教师工作室2023年新春作品网络展

第四篇　工作室示范引领

140　教学相长　联合研修
——汕尾市红海湾区田墘街道中心小学和广东省中小学叶宇斌名教师工作室联合研修活动
151　省名师工作室主持人为汕头市（潮阳区、濠江区）骨干教师做专题讲座
153　叶宇斌老师获得广东省教育教学成果奖
154　工作室老师通过职称评审
155　《广东省中小学、幼儿园教师、校（园）长分层分类培训课程指南（美术学科）》编写
157　2022年度广东省美育浸润行动计划现场会

159 广东省中小学叶宇斌名教师工作室在“名师荐名著”活动中获三等奖

161 广东省中小学叶宇斌名教师工作室“名师心中的名师”作品在省中心活动评比中获三等奖

第五篇 学生作品

164 2022年海丰县彭湃中学高一学生摄影作品

176 2022年海丰县彭湃中学高一学生硬笔书法作品

179 海丰县彭湃中学学生盘画和勺画作品

186 2023年海丰县彭湃中学高二部分学生美术鉴赏电子版作业展述

第六篇 工作室教学案例、论文

198 “汕尾地方民间美术特色创作”教学案例

208 《中国中小学美术》发表相关论文

第一篇

工作室及主持人简介

彭湃中学

主持人简介

叶宇斌老师接受工作室授牌

主持人叶宇斌老师：中共党员，美术正高级教师，2016年被广东省教育厅评为广东省中小学教师工作室主持人；2018年被广东省教育厅评为广东省中小学名教师工作室主持人；2021年被广东省教育厅评为广东省中小学名教师工作室主持人；2020年被广东教育学会美术书法教育协会评定为地方民间美术特色与教学创作基地主持人。2016年被广东省外语艺术职业学院基础教育学院美术教育专业指导委员会聘为委员；2017年被广东第二师范学院美术学院聘为兼职教授；2017年被广东省中小学教师发展中心美术教育委员会聘为专家委员；2018年被韶关学院省级教师发展中心聘为兼职教授；2019年被广东省青年美术家协会聘为中小学美术委员；2022年11月获聘华南师范大学教师教育学部、省级中小学教师发展中心兼职教授。

2016年9月23日，主持的广东第二师范学院美术学院省级课题“中小学骨干教师专业发展研究”结题。2019年，参与的广东省教育科学“十二五”课题规划项目“城乡美术教师专业化发展共同体研究”和广东省课题“广东省教师、校（园）长分层分类培训课程指南”结题，由省申报国家级课题。参与广教版《美术鉴赏》第六课“园林艺术”配套光盘编写，并作为全程讲课者。参与编写广教版《书法练习指导》教师教学用书五年级上册。论文《同探究，共成长——从省骨干教师走向省工作室主持人》被发表于2017年第6期《广东教育》，《园林艺术》获得2017年广东省“一师一优课”省级优课。2019年1月，由广东省教育厅选派，作为省名教师工作室主持人代表前往美国大、中、小学考察，并承担教学考察团第五组组长任务，回国后进行汇报总结，获得了好评。其论文《高中美术鉴赏和绘画结合的教学行动研究——以海丰县彭湃中学为例》在2021年7月被发表于

《中国中小学美术》，专著《以美育人　与美同行——广东省中小学叶宇斌名教师工作室教学研究》在2021年3月由江苏凤凰美术出版社出版。培养了省、市、县、校多批骨干教师学员，进行了多场省、市、县、校级讲座。

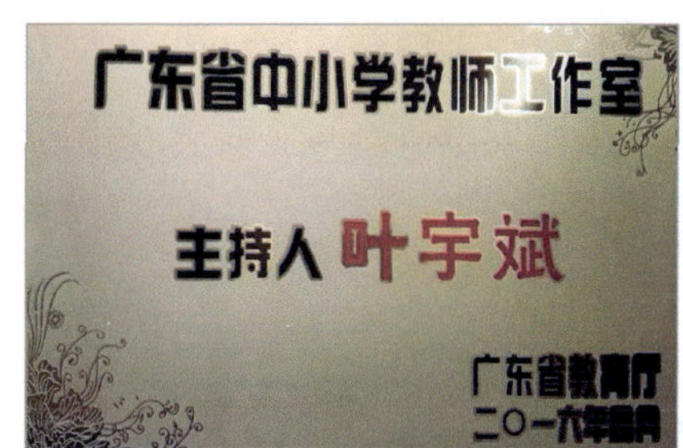

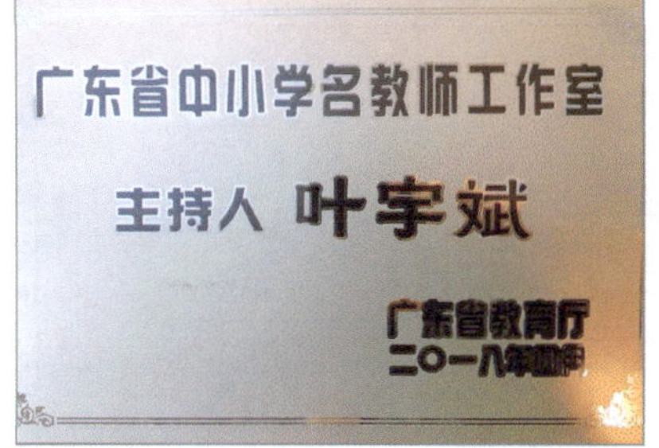

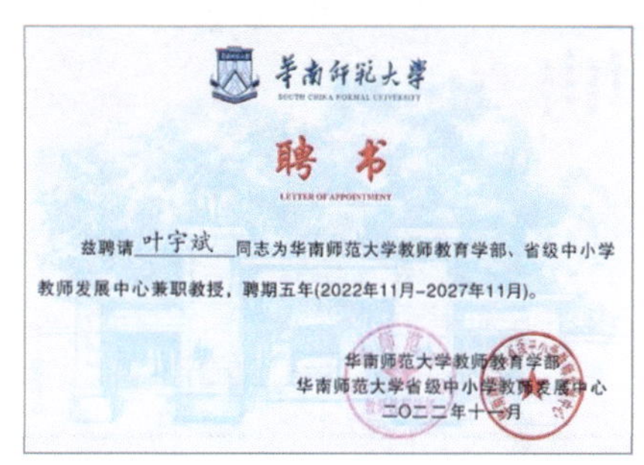
华南師範大學
SOUTH CHINA NORMAL UNIVERSITY

聘　书

LETTER OF APPOINTMENT

兹聘请叶宇斌同志为华南师范大学教师教育学部、省级中小学教师发展中心兼职教授，聘期五年(2022年11月-2027年11月)。

华南师范大学教师教育学部
华南师范大学省级中小学教师发展中心
二〇二二年十一月

工作室授牌及聘书

与省、市、县、校领导在彭湃中学艺术中心前合影

叶宇斌老师毕业后分别在三所学校从事美术学科教学共28年，经历了从市优秀青年教师到省优秀青年教师、骨干教师和学科带头人，再到省名师工作室主持人的成长过程。在从省骨干教师走向省名师工作室主持人的7年中，他对阶段性教学素养的界定形成了大致的认识：骨干教师能熟练掌握教学技巧，是教学的熟手和能手，在教学方法上有独到之处；学科带头人则应该有能力从方法中

提炼出教学策略，在课程实施的层面逐渐形成自己的教学风格；作为教学名师，理应从教育目标和课程理念的层面，形成自己的教学主张。

叶宇斌老师秉持让广东省中小学骨干教师“在理论指导下提升，在持续学习中发展，在实践工作中成长”的宗旨和教师工作室“独行速，众行远；同探究，共成长”的理念，以及提升示范带学能力的基本目标，采用理论研修与实践学习相结合、工作室成员的导师引领与骨干教师个人研修相结合、研修提升与示范引领相结合的方式。

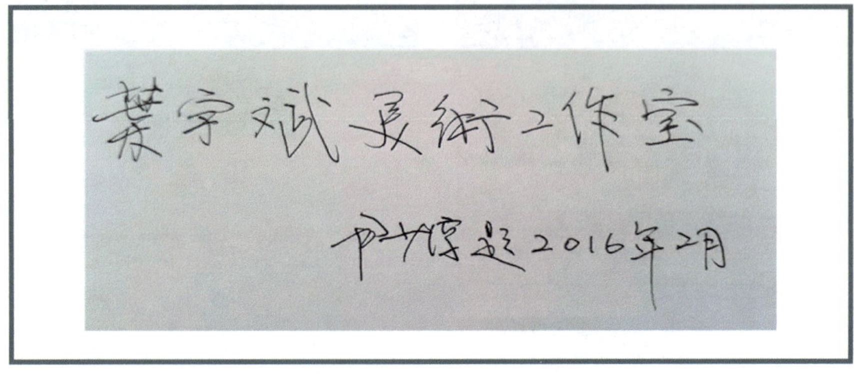

尹少淳教授题字

尹少淳

首都师范大学亚洲美术教育研究发展中心主任、教育部基础教育课程改革美术课程标准研制课题组组长、教育部中小学美术教材审查委员会委员、中国美术家协会少儿艺术委员会主任、美术教育国际协会会员、中国美术教育专业委员会理事。

工作室建设

广东省中小学叶宇斌名教师工作室坐落在广东省汕尾市海丰县彭湃中学，工作室成员来自全市各校。这是一个目标清晰、理想远大、制度周密的先锋团队，他们立足本职，关注学科前沿，勇于探究创新，积极开展教育教学研究与改革探究。

工作室理念：独行速，众行远；同探究，共成长

彭湃中学艺术中心美术楼

工作室办公室

工作室特色

工作室建立之始，就根据工作室目标制定了三年建设规划和相关管理制度、成员三年发展规划和年度成长计划、考核方案等。

目前，工作室经过8年多的运营，建立了微信公众号、网络研讨群和工作室网页，基本形成了每学期一次跟岗学习、发表一篇论文，每年两次专题讲座、送课下乡，一个周期申报一个课题，有效推动了工作室成员的专业成长。

新一届工作室合照

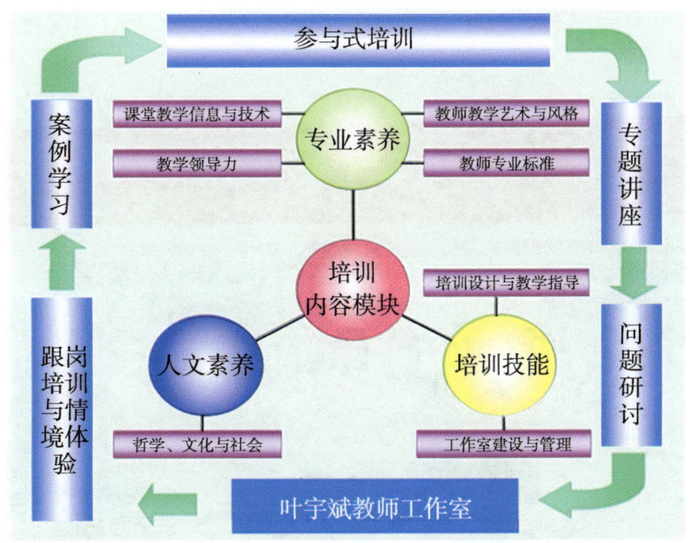

培训内容模式流程图

工作室海报

工作室开展写生活动

"美育风采"强师工程与协同育人系列活动合影

入室学员培养

徐泽坤，先后毕业于广东省韶关教育学院和惠州学院，从事高考美术及中学美术基础教育工作多年，成绩显著，2018年主持汕尾市“十三五”市级课题并顺利结题，2021年被评为海丰县美术学科带头人，有丰富的教育教学经验。

尚松柯，海丰县附城镇中心小学教师、广东省叶宇斌名教师工作室学员，中国画《和谐舞东风》《硕果累累》等作品入选汕尾市、海丰县书画展。美术作品《硕果》入选中国艺教导报社所编《全国师生美术优秀作品集》一书。

刘欣欣，海城镇中心小学美术老师，毕业于海丰县陆安师范美术专业，本科学历，致力于美术教学工作。多次代表学校参加美术教学比赛，并获得了优秀等次。努力培养出了一大批学习美术的好苗子，多次指导学生参加科技创新绘画比赛，获得了喜人的成绩，被评为“优秀指导教师”。

宫雪，2018年11月任海丰县第六届初中美术学科教学研究会副理事长，2018年度海丰县青少年科技创新大赛优秀辅导员。2019年10月参加第二届广东省中小学青年教师教学能力大赛汕尾市初赛荣获市一等奖。2019年12月在第二届广东省中小学青年教师教学能力大赛决赛中表现优异，荣获省二等奖。2021年11月主教泥塑社团教学成果《培植美育素养，赓续红色基因——泥塑》有幸入围广东省第七届艺术实践工作坊展演活动。

甘媛满，毕业于韩山师范学院美术与设计系，专业美术学（书法教育），现为海丰县实验中学美术教师，海丰县硬笔书法协会理事。2016年省小课题“激发学生对美术欣赏课兴趣的研究”主持人，2020年县课题“激发学生对美术泥塑课兴趣的研究”成员。参加广东省文明城市绘画大赛获“优秀指导教师”，参加汕尾市中小学规范汉字书写比赛获软笔二等奖，参加广东省中小学青年教师教学能力大赛汕尾市初赛获高中美术组三等奖。

曾振红，广东艺术师范美术专业毕业，现执教于海丰县海丰中学，参与市课题“中学美术课引入环境教育提高学生学习兴趣的教学研究”和县课题“中学美术课开展‘变废为宝’环境教育的教学研究”工作并顺利结题。撰写的多篇论文获得了市、县教学论文评比奖项。海丰县优秀教师。获得了海丰县“决胜课堂”初中美术组特等奖。

林瑞棋，中共党员，本科学历，任教于林启恩纪念中学。2018年组织和创建了林启恩纪念中学的“启墨”书法社。培养的学生的书法作品参加国家、省、市级比赛，多次获奖。林瑞棋老师多次荣获优秀指导教师奖。2018和2019学年度被评为“优秀教师”。2019年3月主持了陆丰市“十三五”规划课题“普通高中书法教学与实践的研究”，2020年课题结题通过。2021年7月在汕尾市首届美育教师教学基本功比赛中小学书法中荣获一等奖。

曾洪銮，中共党员，骨干教师，现任海丰县城东镇名东小学美术教师。书法爱好者，多次参加省、市、县组织的硬笔书法活动并获奖，参加了“百年华诞·翰墨薪传”广东省第二届教师书法比赛，获得硬笔组三等奖。

余小姗，毕业于华南农业大学艺术学院，本科学士学位。获得了第十六届、第十七届海丰县青少年科技创新大赛“优秀辅导员”称号。2019年执教的一年级美术“鱼儿游游”一课，在2018—2019学年度全镇小学教学录像课评比中荣获镇一等奖，同时被评为海丰县小学美术组一等奖。2021年，参加了汕尾市青年教师教学能力大赛获市一等奖；同年，参加了广东省青年教师教学能力大赛获美术学科三等奖。

程道彬，中共党员，2006年7月毕业于陕西师范大学，取得了美术学（油画方向）本科学历及学士学位；同年8月进入广东省陆丰市东海中学任教至今，现任美术教研组组长。2011年主持申报了汕尾市教育科学“十二五”规划课题“美术鉴赏中德育的培养”（项目编号：SRW-074）并于2013年结题。2012年，教学论文《从诺贝尔奖看我国中小学美术教学》（合著）参加了省第四届中小学生艺术教育科研论文评比，获二等奖。2020年12月参与的课题“城乡美术教师专业化发展共同体研究”获得了汕尾市第三届教育教学成果奖特等奖。

第二篇

工作室活动

广东省新一轮（2021—2023年）中小学名教师、名校（园）长、名班主任工作室启动授牌

2021年7月14日上午，广东省新一轮（2021—2023年）中小学名教师、名校（园）长、名班主任工作室启动授牌仪式暨研讨交流活动在佛山市南海区隆重举行。本次活动由省教师继续教育指导中心组织，华南师范大学和省中小学教师培训中心承办，省中小学校长培训中心、省学前教育师资培训中心、省中小学德育研究与指导中心和佛山市南海区教师发展中心协办。全省各地市教育行政部门分管领导，名教师、名校（园）长和名班主任工作室主持人等500余人参加了活动。省委教育工委委员，省教育厅党组成员、副厅长李璧亮出席活动并讲话。

授牌场景

授牌工作室代表合影

李璧亮指出，广东省上一轮工作室建设进展顺利，圆满地完成了预定的目标，成果成效显著，有力地促进了广东省基础教育教师队伍整体素质提升。他希望新一轮447位工作室主持人牢记使命，与市、县教师发展中心建设形成合力，为广东省特别是粤东西北地区培养一批骨干教师、校（园）长和班主任，为促进基础教育高质量发展贡献应有力量。他要求各地教育行政部门切实提高思想认识，把省级工作室和市、县教师发展中心建设摆在更加重要的位置，作为深入推进“强师工程”实施的重要内容和抓手，充分发挥工作室的示范引领作用和教师发展中心的主阵地作用，促进

广东省特别是粤东西北地区中小学教师队伍整体素质的提升。他特别强调，工作室主持人要明确新时期的新任务、新要求，进一步更新理念，创新培养模式和方法，深化培训课程改革，加强工作室条件建设和资源建设，加强工作室之间的交流和合作，不辜负新时代赋予的新使命，在新征程中谱写新篇章。

会议还对447位名教师、名校（园）长、名班主任工作室主持人进行了授牌。授牌仪式后，聚焦“打造高素质教师队伍，促进基础教育高质量发展”主题，在4个名家讲坛和12个分论坛上，54位省内外专家与新一轮的工作室主持人，就工作室品牌建设如何破解广东基础教育高质量发展难题进行了深入的研讨和交流。

学研教三维交互式引领成长，打造艺术教师培养新样本

——记广东省叶宇斌名教师工作室创新建设机制

叶宇斌名教师工作室连续三届（2015—2017年、2018—2020年、2021—2023年）被广东省教育厅授牌为广东省中小学名教师工作室。该工作室以“在理论指导下提升，在持续学习中发展，在实践工作中成长”为宗旨，遵循“独行速，众行远；同探究，共成长”的理念，打造了基于广东文化艺术特色与地方民间美术特色的“学研教三维交互式”教师成长的新样本。

工作室以提升示范带学能力为基本目标，采用理论研修与实践学习相结合、工作室成员的导师引领与骨干教师个人研修相结合、研修提升与示范引领相结合的方式，推出了“学研教三维交互式”人才培养模式。“学研教三维交互式”即教师培训学习、教学研讨、教学实践三维一体，形成双向互动、相互促进关系的模式。教学实践中遇到的问题，通过培训学习、教学研讨解决；培训学习提高教师专业能力及素养，促进教学实践与教学研讨；教学研讨集思广益，推陈出新，推动培训学习及教学实践。

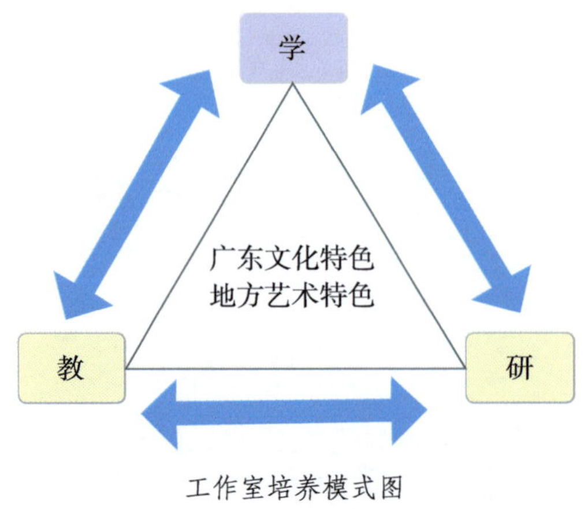

工作室培养模式图

一、从问题出发，进行多模块多样式学习

工作室强调以问题为本的学习，要求学员在学习培训前思考自己工作中遇到的问题，培训过程中始终有问题意识，带着问题听课、讨论和研究。一方面，工作室学习内容丰富，涵盖了专业素养、人文素养、教师技能三个模块，全方位提升教师的核心素养。专业素养的学习包括课堂教学信息与技术、教师教学艺术与风格、教学领导力、教师专业标准四个方面；人文素养的学习主要向哲学、文化与社会三个方向发力；教师技能主要以培训设计与教学指导、工作室建设与管理这两方面为主。不仅使学员精进专业知识素养，还使其具备教育教学管理能力。另一方面，工作室学习形式多样，采用专题讲座、跟岗培训、案例学习、参与式培训等学习方式进行多轮教师培训。其中，大量采用体验式培训方式，设置生动活泼的情境让骨干教师积极参与其中，使他们受到感染，增强体验，加深印象，更好地学习相关知识和提升能力，更好地在工作中加以应用。此外，工作室倡导建立“书香家庭”“书香工作室”“书香校园”，让更多成员爱上阅读学习。

二、以课堂创新为导向，开展专题集体研讨

工作室经常组织成员进行课堂教学研究，思考在核心素养观下的教育教学如何发生新的转变以及在教学实践中如何进行教育创新与教学改革。在美术鉴赏课堂上，叶宇斌老师带头努力践行着核心素养观下的课堂改革与实践，他深深懂得，现代课堂需要提升学生的核心素养就是要在真实情境中提高学生解决问题的能力。通过自主合作探究性的美术鉴赏、走向讲台讲授美术鉴赏、撰写美术鉴赏心得体会等多种创新形式，学生真正获得了“做事”的能力，也充分展示出了叶宇斌老师和工作室成员们课堂改革探索的成功。

三、弘扬地方传统文化，促进特色文化与教学实践相融合

工作室在课堂教学上，除了扎实教好学生美术基本功，比如素描、国画、手工，还注重非物质文化遗产的传承，把地方民间美术特色融入教学实践，致力于地方优秀传统文化的发掘与创新。指导学生进行海丰白字戏、舞狮麒麟等题材的创作与绘画；合力开发具有地方特色的校本课程，让当地民间美术特色得到了深入发掘与传承。此外，名师工作室关注生活，多次组织师生写生，通过举办教师展览、出版画册等方式激励师生积极投身于美术创作，先后创作出了多批优秀的书画作品。

部分优秀书画作品

汕尾市省级“三名”工作室主持人教与学、研与培情况报道：广东省叶宇斌名教师工作室

百年大计，教育为本；教育大计，教师为本。近年来，汕尾市各级党委政府高度重视教师队伍建设，努力提高教师队伍素质，教师素质和能力水平得到了大幅提升。2021年，全市培养了新一轮省、市级名教师、名班主任、名校（园）长工作室共计52个（其中省级12个）。名师工作室在全市呈遍地开花之势，正成为各地的专业学习共同体、培育骨干教师的“特种部队”、教学改革的“试验田”和区域教育均衡的“催化剂”。汕尾市教育局梳理全市各省、市级的名师工作室主持人与成员的风采，尝试描摹出汕尾市名师工作室的发展轮廓，并深入组织内、外部，观察、研究名师工作室的运行机制，以及如何引领青年教师专业成长、发挥引领辐射作用等。

叶宇斌，中共党员，中学美术正高级教师，广东省骨干教师，三届（2015—2017年、2018—2020年、2021—2023年）广东省中小学名教师工作室主持人。

叶宇斌老师授课场景

叶宇斌主张“在理论指导下提升，在持续学习中发展，在实践工作中成长”，开展基于地方民间美术特色的教学实践。在美术鉴赏课堂上，叶老师带头努力践行着核心素养观下的课堂改革与实践，组织学生进行自主合作探究性的美术鉴赏课堂教学。美术鉴赏课堂形式丰富，学生乐于参与，学习热情高。学生走向讲台讲授美术鉴赏的课堂实录，学生撰写的美术鉴赏心得体会，让学生真正获得了“做事”的能力，在真实情境中提高了学生解决问题的能力。开展基于地方民间美术特色的教学实践，基于广东文化艺术特色，在课堂内外进行美术教学时，深度进行地方民间美术特色教学实践，由此，学生们创作了大量具有地方民间特色的美术作品。

他主张“独行速，众行远；同探究，共成长”，注重教师队伍教育教学理论水平的提高，定期组织工作室成员进行理论学习，参加各种学术研讨活动，通过阅读与分享让大家思考核心素养观下的教育教学如何发生新的转变以及在实践教学中如何进行教育创新与教学改革，特别注重地方优秀传统文化的整理与发掘，让当地民间美术特色得到了深入发掘与传承。其工作室成员积极投身于美术创作，先后创作出了多批优秀的书画作品，并通过举办教师展览、出版画册来促进教师专业能力的提高。

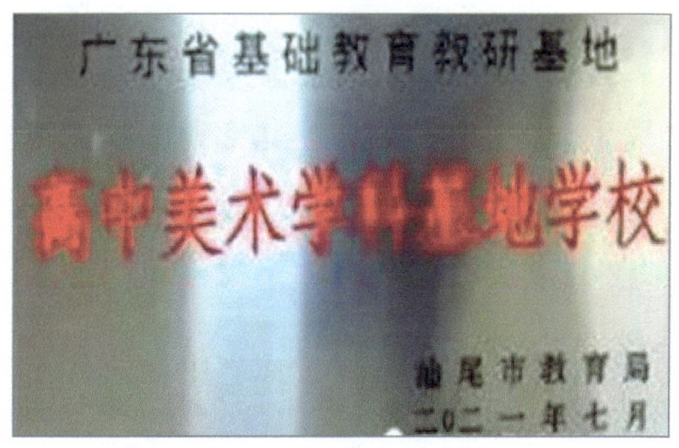

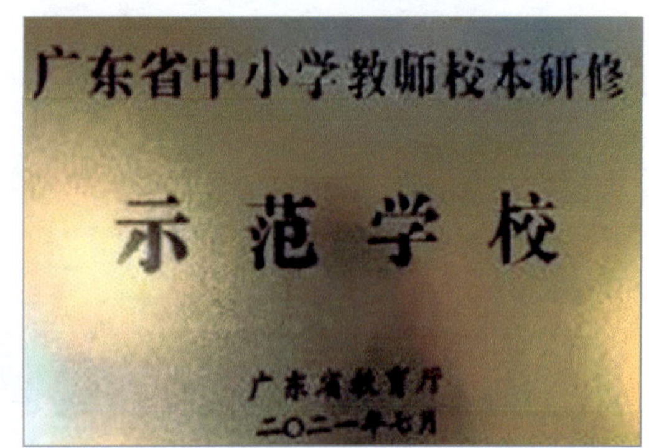

在叶宇斌老师的带领下，工作室取得了一项又一项可人的硕果。2016年4月，参与教育部普通高中美术课程标准修订测试阅卷评卷工作；2016年10月，参与全国中小学水墨画教学成果展示与交流活动，参与广东省教师、校（园）长（义务教育美术学科）培训，并于2020年10月结业。被广东教育学会美术书法专业委员会评为地方民间美术特色教学与创作实验基地。所在学校海丰县彭湃中学为首批汕尾市五所学校之一。2021年被广东省教育厅评为广东省艺术教育（美术）特色学校、广东省中小学校本研修示范学校（美术特色）。工作室作品在“广东名师工作室联盟”微信公众号被发表了20多次。

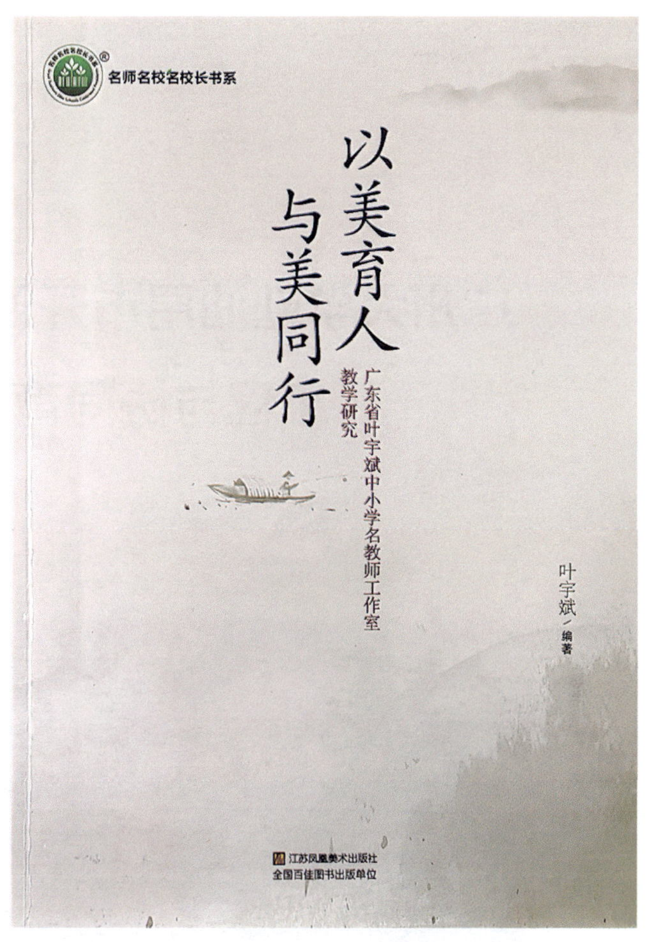

部分荣誉及成果

广州大学赴汕尾市开展美育浸润计划强师工程与协同育人系列活动

美育风采——强师工程与协同育人系列活动合影

为深入贯彻落实习近平总书记关于教育的重要论述和全国教育大会精神，根据中共中央办公厅、国务院办公厅《关于全面加强和改进新时代学校美育工作的意见》和广东省教育厅《关于开展美育浸润行动计划的通知》等文件要求，广州大学美育教研团队于2021年9月23日至27日协同广州画院、汕尾市教育局联合主办，由广州市美术家协会美育艺委会、“青苗计划”课题组、广州市青苗画家学院协办，本次活动以“美育风采”为主题，积极探索强师工程与协同育人的新模式。此次同行专家包括中国国家画院专职画家、广东省美术家协会副主席、广州国家青苗画家培育计划召集人方土先生，广东省美术家协会副主席、广东画院创作室副主任孙洪敏女士，广州画院副院长宋陆京先生，广州画院美术馆馆长、广东省中国画学会秘书长潘小明先生，“青苗计划”课题组专家、广州大学美术与设计学院客座教授方旭昌先生，广州画院专职画家崔弥莱，广州大学美术与设计学院院长、博士生导师贺景卫教授，广州大学美术与设计学院许洪林副教授，广州大学美育教研团队特邀专家代表吕小绒、叶宇斌老师，汕尾市各区县教师代表，以及中国国家画院方土导师工作室画家卢万华、陈汉逊、林海东、莫里加，带领青苗画家和广州大学学生代表徐泓鑫、夏铠熙、卜英广、熊中华、王春华、孙广煦、梁文浩、莫镇雨、李秋颖、张雪琪、林欣仪、卢思霖、韩月、陈雪、彭思密、吴毓纯、林淑如、蔡晓斯等60余人。

9月23日下午，广州大学—汕尾市美育浸润行动计划“美育风采”强师工程与协同育人系列活动启动仪式在汕尾市海丰县实验小学隆重举行。会上，广州大学美术与设计学院院长贺景卫教授、广州画院副院长宋陆京先生、广东省美术家协会副主席孙洪敏女士、汕尾市教师发展中心教育科学研究室吕小绒主任先后致辞。

23日至24日，广州大学美育教研团队和青苗写生团的所有艺术家及师生，协同汕尾市美术教师代表一行60余人前往汕尾市著名景点观音阁（国家级海洋公园）等地进行写生采风研培活动，受到了地方政府和群众的广泛关注与欢迎。

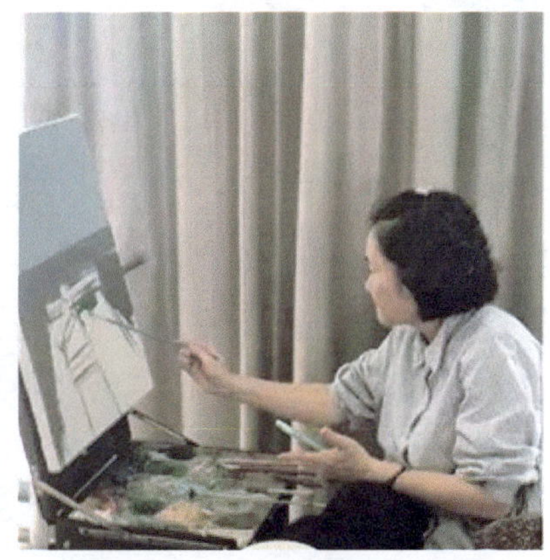

赴观音阁等地开展写生采风研培活动

25日上午，在广州大学美术与设计学院院长贺景卫教授和广州画院美术馆馆长潘小明先生的带领下，采风研培团队继续前往汕尾市海丰县彭湃故居开展党史学习及写生活动。当天下午，作为此行的重要活动之一，美育教研团队和广州画院专家、青苗画家走进彭湃中学、附城镇中心小学、海丰县实验小学校园，与学校师生一起开展校园写生和现场教学活动。通过“与艺术名家一起画自己校园”的方式，推进学校美育培根铸魂，实现以美育人、润物无声，并以之深化学校美育的课程教学改革，丰富校园实践活动和促进校园文化建设。

前往汕尾市海丰县彭湃故居开展党史学习及写生活动

现场教学活动结束后，在彭湃中学举行现场教学活动交流和捐赠艺术作品及书籍仪式，广州大学美术与设计学院贺景卫院长传达了广州大学吴开俊副校长的指导精神，指出，这是以专业发展研培活动回应国家美育政策开展的一次具体行动，生动地体现了“美育风采”进校园，实现以“强师工程”和“协同育人”的内容主题，切实探索并推进了学校美育课程教学、实践活动、校园文化和中小学美育教师培养精准帮扶的新路径和模式。一年多以来，在汕尾市教育局的支持下，在五所对口帮扶学校的共同努力下，五所对口学校美育特色定位逐渐清晰，成果逐步呈现。

海丰县实验小学
勤洗手，戴口罩，防疫小榜样就是我！

汕尾市美育浸润行动计划强师工程与协同育人系列活动

青苗三期采风写生行

进育英才
热烈欢迎广州大学—汕尾市美术浸润行动计划
“美育风采”强师工程的专家、领导莅临指导！

部分活动合影

26日至27日，美育教研采风团一行在相关领导的带领下，先后来到了陆丰市大安镇石寨村、河西镇石山村、金厢彩虹小镇和周恩来渡海处等地，继续开展学习红色文化、考察乡村艺术和写生研培活动。

五天的研培活动受到了汕尾市相关单位领导和学校师生的热情欢迎和普遍赞誉，特别是此次通过与广州画院和“青苗计划”课题组联动，能够为对口帮扶学校和广大农村地区的师生提供一次接近艺术名家的机会，参与活动的汕尾市师生们纷纷表示：广东省美育浸润行动计划太好了！广州大学组织的活动太棒了！相信专家们的专业引领和美育浸润行动计划的辐射带动，将对汕尾市学校美育工作产生新的更大影响。

热烈欢迎广州大学—汕尾市美术浸润行动计划
“美育风采”强师工程的专家、领导莅临指导！
求实创大业
美育风采——强师工程与协同育人系列活动

活动采风及合影留念

广州大学—汕尾市美育浸润行动计划强师工程来穗专题培训活动

2021年10月20日至22日，为推进党史学习教育走深走实，认真贯彻落实广东省教育厅2021年度美育浸润行动计划的相关精神，广州大学依托美育教研团队组织汕尾市对口帮扶学校美育教师代表来穗开展美育浸润行动计划强师工程专题培训及学习研讨活动，推动美育强师工程和协同育人向纵深发展，努力办好人民满意的教育。

广州大学党委副书记聂贵新（中）在启动仪式上致辞

10月20日上午，广州大学—汕尾市美育浸润行动计划强师工程来穗专题培训活动在广州大学正式启动。广州大学相关领导和广州大学生汕尾市美育浸润行动计划项目负责人、美术与设计学院教授王丹等同志，汕尾市对口帮扶学校美育教师代表，包括彭湃中学、盐町头小学、海丰县附城中心小学、海丰县实验小学、陆河县实验小学共15位教师参加了启动仪式。

启动仪式上，广州大学党委副书记聂贵新做了致辞，对强师培训活动的顺利启动表示祝贺，对来到广州大学交流与研讨的汕尾市各专家与老师表示热烈欢迎。聂贵新强调：以习近平同志为核心的党中央高度重视学校美育工作，做出了一系列重大决策部署。广州大学作为一所扎根国家重要中心城市的综合性大学，认真学习贯彻习近平总书记系列重要讲话精神，坚持贯彻落实党中央决策部署，以“德才兼备、家国情怀、视野开阔，爱体育、懂艺术，能力发展性强”为人才培养目标，培养具有广大底色的创新型人才。同时，广州大学强化社会服务功能，依托学科专业和人才优势，拓展美育工作的高度和宽度，坚持协同育人，发挥引领和辐射带动作用，努力推动各级各类学校美育教育发展。

启动仪式由广州大学教务处处长聂衍刚教授主持，刘瑾、王丹教授及汕尾市海丰县彭湃中学美术高级教师叶宇斌老师先后发言。

活动合影

广州大学美术与设计学院王丹教授对近一年半的美育浸润计划工作进行回顾。在过去的一年半之中，主要是进行以下几项工作：第一，开展强师工程。邀请美术课标组核心成员、知名专家开展综合性的培训工作，并鼓励汕尾市更多老师参与，使得美育浸润计划行动的影响进一步扩大。第二，特色课程研发。打造“一校一品”的课程特色，开发地方课程资源，目前关于陆丰皮影的特色课程开发已经初见成效。接下来，想继续进行多学科整合，比如与音乐、舞蹈、人文学科等进行整合，希望能够做成一个系列的品牌美育课程。第三，与广东画院、广州市美协联合开展“艺术家进校园”活动，邀请了国内知名画家与美术教

广州大学—汕尾市美育浸润行动计划项目特聘专家叶宇斌在启动仪式上发言

师、学生共同写生，采用“大手拉小手”、“共同画校园”、与艺术家面对面的方式促进校园文化建设和美育氛围营造。通过以上多元的活动整合多方面的资源来开展更为丰富、有效的美育浸润活动。

汕尾市彭湃中学叶宇斌老师在启动仪式上发言，感谢美育浸润计划活动给予当地教师学习与开阔眼界的机会，对广州大学的工作表示认可与感谢，同时代表汕尾市的教师对于美育浸润计划工作提出了更进一步的期望，尤其是希望能够在学科论文、教研课题的撰写上获得帮助与指导，进而提高教师们的教学水平、研究水平与学术水平。

广州大学教务处处长聂衍刚教授对会议内容进行总结，表示美育浸润计划是学校党委对粤东基础教育的关怀，同时也是广东省提升基础教育质量工程的一项重要内容，希望广州大学能够做好社会服务，提升社会服务的影响力。

本次美育浸润计划强师工程专题培训活动以了解广州高校美育教学研究现状、观摩与研讨广州中小学特色课程为主，合理地运用多方面的资源来开展更为丰富、有效的美育浸润活动。启动仪式结束后，广州大学美术与设计学院和音乐舞蹈学院的相关专家，带领强师工程团队前往黄埔区深井小学、广州市第八十六中学、广州市白云艺术中学、番禺区禺山高级中学、番禺区沙湾中心小学、华南师大附属南沙小学等学校开展研培活动。

团队在黄埔区深井小学开展研培活动合影

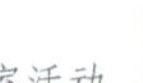

团队在广州市第八十六中学开展研培活动合影

经过为期三天的“强师工程专题学习计划培训活动”，通过参观广州美育特色学校，开展美育名师讲座、公开课观摩、说课展示与评议交流等丰富多彩的活动，汕尾的美育教师们纷纷表示，收获巨大，受益匪浅。期待他们回到各自的教学岗位上能够勇于探索创新，切实提升学校的美育教学水平和教学质量，并不断推进学校美育工作的日常化、特色化。

名师引领，向美而行

——广东省中小学叶宇斌名教师工作室2021年度集中研修活动

集中研修活动合影

冬日暖阳，和风轻拂。2021年11月21日，海丰县彭湃中学美丽的艺术中心迎来了广东省中小学叶宇斌名教师工作室的新一届学员。在工作室主持人叶宇斌老师的带领下，工作室的学员老师们开启了集中研修活动。

首先，叶宇斌老师为全体工作室学员开讲座。叶老师介绍了工作室成立的初衷以及美育教学的重要性。他用精美的图片为学员分享了工作中的经验，提供了很多解决问题的思路和方法。

学员老师们在不知不觉中被他的工作实例打动、被他的观点折服。叶老师通过自己的工作实例让老师们看到了一个美术教师的成长历程，他要求老师们要有自己的代表课，更要勤于写论文，勤于磨炼专业基本功，课堂上实现真正地面向全体学生的美育浸润。

叶宇斌老师为全体工作室学员开讲座

其次，工作室的每个学员老师发表了自己的入室感言。老师们都表示自己将继续努力学习，坚持一个美术教师的教育初心，践行美育新理念，探究美术教学新项目。

再次，学员们在叶老师的带领下参观了艺术中心的书画室、书法室和海丰县彭湃中学“学百年党史　做时代新人”书画展。

参观海丰县彭湃中学“学百年党史　做时代新人”书画展

最后，工作室主持人叶老师为本次研修活动做总结发言，并对各位学员老师进行指点，鼓励他们在工作室的引领下，在共同交流中，传递美的智慧，努力提升美育水平。

最是美育润人心，这场向美而行的研修带给我们的是绵延的美，是无尽的思考，更是向前的力量。

开卷有益　瀚墨薪传

——广东省中小学叶宇斌名教师工作室2021年度集中研修读书分享和书法研修活动

11月28日，海丰县彭湃中学美丽的艺术中心开展广东省中小学叶宇斌名教师工作室2021年度集中研修读书分享和书法研修活动，叶宇斌老师对本次活动进行了详细部署。

活动成员合影

叶宇斌老师部署工作

上午，在工作室主持人叶宇斌老师的带领下，工作室全体学员老师们首先开启读书分享活动。此次活动就是为了不断提高教师自身的素养，培养终身学习型教师，检验读书成果，总结交流读书经验，推动教师读书活动的深入开展。叶宇斌老师确定了本次读书交流活动以专业教研为主开展，并对读书活动提出了明确的要求，要求全体老师用心阅读相关专业的一本书，写好读书心得，把自己的读书心得与感悟进行交流分享。

叶宇斌老师分享《李叔同谈艺术》

徐泽坤老师分享
《像艺术家一样思考之二》

曾洪銮老师分享《书法课》

梁妮妮老师分享《关于构图问题》

陈丽红老师分享《正面教育》

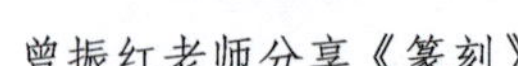

曾振红老师分享《篆刻》

吴琼花老师分享《文化苦旅》

在活动中，叶宇斌老师分享《李叔同谈艺术》、林瑞棋老师分享《孙过庭书谱》、徐泽坤老师分享《像艺术家一样思考》、梁妮妮老师分享《关于构图问题》、郑丽芳老师分享《透过名画学色彩》、宫雪老师分享《写给大家的西方艺术史》、陈丽红老师分享《正面教育》、曾洪銮老师分享《书法课》、吴琼花老师分享《文化苦旅》、欧丽珠老师分享《艺术哲学》、甘媛满老师分享《中国艺术史》、曾振红老师分享《篆刻》、刘欣欣老师分享《宋徽宗神霄玉清万寿宫诏碑》。其间，叶宇斌老师对每一位分享阅读的教师进行精彩点评及个人艺术发展指引，勉励大家把读书作为一种精神追求、一种生活态度，以书为友，以读增慧。他表示，读书交流活动的举行展示了老师们的读书成果，达到了交流共享、互促共进的目的，一篇篇读书心得，使老师们在阅读中寻找到了创作的灵感，在交流中启迪出艺术创作的智慧。他同时介绍了工作室接下来要开展的相关工作。

好书是人类的精神食粮，而本次读书分享交流活动给大家提供了分享经典书籍的机会，它的开展不仅拓宽了大家的知识面，更提高了大家爱书、品书的热情。读一本好书，就像与一名学识渊博的学者进行交谈，使教师受益终身。

下午，叶宇斌老师有序安排大家带好写毛笔字的工具，讲解了如何选字帖，如何使用笔、墨、纸等，并强调书法作为一门优秀的传统艺术，源远流长，博大精深，是我国古代文化中的瑰宝，弘扬祖国传统艺术是美术教师义不容辞的责任。在活动中，全体教师都表现出了极大的热情，非常投入，坐姿端正，握笔正确，工工整整，一笔一画，认真书写。活动结束后，叶宇斌老师对大家的书法进行了深入的点评和专业的指导，并传授其临帖的三个要点：①学会“看”，即看帖。②学会“思”，即思考，考虑。③学会“练”，即反复地学习。

叶宇斌老师示范临帖

工作室全体成员在书画室学习书法

学员临帖

集体合影

此次活动的开展，不仅为老师们提供了一个相互切磋、展示自我的舞台，而且在传承中华文化、弘扬国粹的同时，提高了大家的艺术修养和审美情操，把书法艺术融入我们的课堂教学中。

开卷有益

——广东省中小学叶宇斌名教师工作室2021年度集中研修第一次读书分享感悟

广东省中小学叶宇斌名教师工作室2021年度集中研修第一次读书分享感悟活动，是为了不断提高教师自身素养，培养终身学习型教师，检验读书成果，总结交流读书经验，推动教师读书活动的深入开展。叶宇斌老师确定了本次读书交流活动以专业教研为主开展，并对读书活动提出了明确的要求，要求全体老师用心阅读相关专业的一本书，写好读书心得，把自己的读书心得与感悟进行交流分享。

（1）郑丽芳老师分享《透过名画学色彩》（吴锡安著，2017年人民美术出版社出版）。该书共六章——“给点颜色你们瞧瞧”“走进绘画色彩的世界”“揭开色彩神秘的面纱”“名画中的形形色色”“新旧同源　殊途同归”“名画助你色彩更辉煌”。该书配发了210多幅名画，通过这些名画讲解相关的色彩关系，特别是对逆光的解读及画家对光、对色彩的创作理解，都是十分值得我们美术教师去学习的。通过此次分享感悟，不但让我明白画好一幅画的“好”，还明白了表达自己内心真实的情感才是好；明白要表达自己内心的情感，除了构图，还要通过色彩准确地描绘光才是好；明白最后整体呈现出来的画面能引发人们对作品意蕴的深入思考才是好。

（2）梁妮妮老师分享《关于构图问题》（潘天寿著，2015年浙江人民美术教育出版社出版）。该书包括中国画思想性、布局的开合和虚实疏密三大部分，不仅介绍了构图问题如何修改，而且讲述了画面布局的技巧。作为一个美术老师不仅要会画，而且要具备一定的理论基础和教学技能，还要热爱中国文化，有一定的文化涵养，才可以更好地把美术这门课教好。

（3）叶宇斌老师分享《李叔同谈艺术》（李叔同著，2017年新世界出版社出版）。李叔同先生，一代文化宗师，是将西洋绘画、音乐、话剧、广告图案设计、现代木刻和西洋术史引进中国的文艺先驱者，采用“人体写生教学法”，首倡改良中国画的艺术教育家，同时也是我国著名的书画家、书法家、金石篆刻家，其书法、篆刻作品享誉中国。李叔同先生集诸多艺术门类大成于一身，为后世留下了宝贵的精神财富。该书辑录了李叔同先生对中西绘画、书法篆刻历代经典名作的赏析讲评。同时，读者也可通过该书，学到李叔同先生亲授的绘画与书法技法，倾听李叔同先生论述文学与音乐的艺术。书中作品是大师一生文艺造诣方面的结晶和精华，堪称后学者的指南性及入门性作品。

（4）甘媛满老师分享《中国艺术史》（迈克尔·苏立文著）。《中国艺术史》是一部集大成之作。苏立文通过梳理远古、先秦、秦汉、三国六朝、隋唐、五代与两宋、明清直至20世纪的中国艺术，将中国艺术的不同门类——建筑、雕刻、绘画、书法、陶瓷等在不同时代的表现形式及特点清晰、细致、全面地展现在了读者面前。作者苏立文不仅全面论述了中国艺术的特点，而且着重于艺术与历史的结合，将中国艺术的不同表现形式置于宏大的历史叙述之中，书写出了纵贯数千年的中国艺术之演进脉络。

（5）林瑞棋老师分享《孙过庭书谱》（何龙、丰雷主编）。《孙过庭书谱》有3600多个字，是一本比较好又容易入门的草书，墨迹本，字迹比较清晰。我在临写过程中，用笔时从起笔、行笔到收笔，在行笔中也运用了绞转既（调锋）提按，在此过程中运笔也随之变化，如速度、力度以及角度的不同。字体连贯呼应从而形成的气韵生动，整本书的字体格调一致，他的字体里隐藏着“二王”的影子，我在学习中窥探和领悟笔法的变化，不断地探索与求知。

（6）陈丽红老师：我一直在学习做一个家长的路上，今天与大家分享简·尼尔森的《正面管教》，英文名字是积极的纪律（Positive Discipline），意思是要给孩子一个有纪律性的环境，但是这个纪律性的环境所带来的是积极的影响。整本书的核心是和善而坚定，也有人叫作温柔而坚定，或者是温柔但是有边界。如果我们能够给孩子带来一个和善而坚定的教养环境，让孩子清楚地知道父母是爱他的，并且孩子跟着父母能够学会特别多在这个社会上生存的技能和与他人互动的方法，你就达到了正面管教的目的。正面管教还有些很实用的工具，比如说鼓励和赞扬、积极的暂停、家庭会议和特别时光等，对孩子宽容一点，反过来你也会对自己更宽容一点，因为你学会了这个教育方法，既可以用来教育孩子，更可以用来调整自己。希望我们大家都能够学会“正面管教”。

（7）尚松柯老师分享《素描头像》（段丹编著）。该书主要是从头像基础入门开始讲解，通过对三庭五眼的讲解更加深了人们对头像结构的理解。该书中的作品将人物头像鲜活地表现出来，大胆的笔触、流畅的线条、对人物质感的表达都是值得学习的地方。这几幅素描头像我反复看了好多遍，发现了一个秘密：艺术源于生活却又高于生活，好的作品应该是作者情绪的一种诠释。

（8）刘欣欣老师分享《宋徽宗神霄玉清万寿宫诏碑》。瘦金体运笔灵动快捷，笔迹瘦劲，至瘦而不失其肉，其大字尤可见风姿绰约处。因其笔画相对瘦硬，故笔法外露，是一种风格相对独特的字体。该书应是宋徽宗书法艺术成熟时期的作品，所以临摹该书对学习瘦金体有很大的帮助。

（9）徐泽坤老师分享《像艺术家一样思考》（贝蒂·艾德华著）。该书是借助绘画的学习技巧，包括观察方法、思考问题的方式以及提出解决问题的尝试，解释了创造力开发的过程。作者强调这本书是为无绘画基础人士编写的，通读该书之后，能从中了解一些训练的方法，这些方法也可以作为美术老师教初学者的招数，比如倒过来画画，训练过程中，实际效果要好于预期，她揭示了有效观察事物的方法。再比如，用直觉作画法、把洞察的真相画出来、创造可表述的标签等。综合分析陈述，我们通常所说的写实绘画，其实是对感知的记录，要画出有创造性的事物，首先要学好绘画的基本技巧，再将自我表达的视觉技巧与想象创造的形象相互融合产生具有表现力的艺术作品，一旦用艺术表现自我不断强化，那么创作者就能达到艺术创作的最佳状态。

（10）曾洪銮老师分享《书法课》。这本书是水墨画家林曦的著作，她也是暄桐教室的创办人，致力于中国文人传统美学和生活方式的转译与传播。这本书通过六个章节讲述，通过问题带我们思考书法是什么，怎么去理解它。这本书中的书法理论知识的覆盖面很广，也比较通俗易懂，是一本走进书法，了解书法的好书。

（11）余小珊老师分享《装饰的法则2：中国纹样》（欧文·琼斯著）。19世纪60年代，作者在第一次看到中国明清皇家瓷器和珐琅器时，就被这些美轮美奂的器物震撼了。他亲手把这些纹样画了下来，并正式出版，就有了这本《装饰的法则2：中国纹样》。他曾表示，这些中国的艺术品技艺精湛，色彩和谐，装饰精美，呈现出非凡的纹饰之美，甚至在艺术感方面已经达到了登峰造极的境界。书中的184幅手绘原稿，取自23类中国瓷器，包括景泰蓝、珐琅器和彩绘瓷器等。

（12）欧丽珠老师分享《艺术哲学》（丹纳著）。读了之后，我感觉要多读一些美术理论知识的书，能提高美术教学的质量，起码在美术鉴赏课上能更好地引领学生进入美术课堂。书中介绍了艺术品的本质及其产生。《艺术哲学》挖掘精神文化的构成因素，但所揭露的是时代与环境、思想感情、道德宗教、政治法律、风俗人情，总之是属于上层建筑的东西。它考察了人类生活的各个方面，材料如此丰富，论证如此详尽，给人感觉不错。认定一件艺术品不是孤立的艺术，应当力求形似的是对象的某些东西而非全部，认识了艺术的本质，就能了解艺术的重要。书中提到了艺术是“又高级又通俗”的东西，是把最高级的内容传达给大家。书是人类进步的阶梯，书是全世界的营养品。读书使我开阔了眼界，也使我领略到了美术领域的独特魅力。书中除了美术理论知识，还有许多油画，驻足在这一幅幅唯美的油画前，被其美丽与精致深深吸引，开阔了视野。

（13）曾振红老师分享人民美术出版社出版的《篆刻》。该书为高中美术课教材，里面详细地讲述了篆刻的起源、篆刻在各个时期的表现特点，直至近代篆刻艺术的发展变化；介绍了篆刻艺术形成过程中具有代表性的作品，分析篆刻大家的风格，带领读者走进篆刻的艺术天地。篆刻作为一种传统的艺术形式，在人教版初中美术课程中安排有《藏书印》一课。为了上好这一课，我上网查看了不少关于篆刻的资料，但是网络上的知识太过宽泛，还好有这本专门讲述篆刻知识的书籍，使我更加完整地了解了篆刻理论知识，为上好这一节课打下坚实的理论基础。

（14）吴琼花老师分享《余秋雨作品集》。这本书主要包括《文化苦旅》《山居笔记》《霜冷长河》《行者无疆》《千年一叹》《借我一生》这些文学作品。其中，《文化苦旅》的起始篇《道士塔》是一段沉痛的文化历史悲剧，它揭露了那个令人揪心的年代，一个愚昧无知的道士掌管着敦煌数千年文明宝藏的洞门，他在壁画上刷白石灰，婀娜柔美的雕塑被改成他的天师泥菩萨，他把那洞窟中一大箱一大箱的文书、经卷、画卷和雕塑，换成了几叠银元和少许外国商品……初读这本书，我真的非常气愤，那是一个古老民族在滴血，王圆箓这个敦煌石窟的罪人。然而，我们深度反思，由一个人想到一个民族，一个巨大的民族悲剧，同时有对民族屈辱历史的感叹，对愚昧的中国道士王圆箓乃至一切卖国者的批判，对中国古代灿烂文化被毁的悲哀，又对莫高窟的灿烂艺术有着深切的热情。

（15）李琳老师分享《陈规再造：巫鸿美术史文集（卷三）》。该书收录了作者1995年至1998年关于中国古代美术史的15篇论文和讲稿。这一阶段的研究仍聚焦于墓葬、佛教、肖像艺术等主题，持续探讨图像内容与空间、媒介的关系。其中《清帝的假面舞会》《屏风入画》《陈规再造》等一系列论文，围绕清宫旧藏文物和中国古代艺术审美传统展开，选择了雍正乾隆变装画像、十二美人图、屏风文化等精巧的切入点，兼具学术性与可读性，引人入胜的同时，进一步发展阐释了“图像”与“原境”互动的美术史观，是后来《重屏》等专著的雏形与先声。

（16）程道彬老师分享《蒋勋写给大家的西方美术史》。早就耳闻这本书，一直想买来看，刚好在名师工作室看到就借回来看，“书非借不能读也！”因为是借的书所以一有时间就急忙翻看，书的扉页的两段话使我对整本书有一个整体的了解，和大家一起分享。这本书以时间为纬线，以各个艺术流派的艺术家及其代表作品为经线，回到历史现场，从史前时期的一把燧石手斧开始，围绕地中海这一西方美术的血脉初源，带你一路走过神秘的埃及、伟大的希腊、光荣的罗马……直到光辉的印象派及光怪陆离的现当代艺术。或做正面的解读，或挖背后的故事，数千年“美”的往事，娓娓道来。蒋勋先生用柔美、亲民的文字，借助“西方美术史”这一扇通向世界的窗口，使我们眺望和浏览世界不同文化的“美”的观念、材料、技法，省思对人类共同的“美”的向往与创造。

（17）刘桂深老师分享《未来简史》。未来将会是一个什么样的世界？这是一个引人深思的问题，是一个在很长时间都困扰着人的问题，也将会是一个一直都会被讨论下去的问题。过去和现在的那些科幻小说、科幻电影关于未来的描述大多都是以人类为中心做前提而进行一系列畅想的幻境。然而，在《未来简史》一书中，作者尤瓦尔·赫拉利在对未来的展望中提出了未来人工智能可能会取代人类，人工智能的超速发展，仿佛加速了人类末日的到来。我想人工智能取代人类只是该书作者的一种预测而已，并不一定成为现实，或许还需要大量时间来验证。但无论怎样，未来瞬息万变，机会与危机并存。我相信活好当下才能积极向上，畅想未来世界，创造更美好的明天。

（18）罗新计老师分享《美的历程》。这是著名哲学家李泽厚先生的代表作，该作品于1981年出版后带来了新名词、新视角和新思想，在许多方面拓展了人们的认知，虽是一部学术著作，但用了诗性的语言展示了中国艺术哲学史，让新一代青年学子深受启发。《美的历程》是一部承前启后之作，它在思想上颠覆了我们之前的很多认识，比如什么是美和美的起源。其价值并不在于告诉我们一些新的观念，而在于告诉我们：观点是可以重新思考的。书中很多观点和我们比较熟悉的马克思主义的观点是相通的。其中一个隐含的思想就是：站在马克思主义的立场上，我们也能看到不同的东西，得出不同的结论。我们在思考历史长河中的美的同时，开始质疑，开始思考，思考我们的未来要走怎样一条道路。《美的历程》是那个时代难得的启蒙之作，也是我值得拜读的一本书。

（19）曾垂法老师分享《小逻辑》。这本书是德国古典哲学家黑格尔的代表作。说到《小逻辑》，其实还有本《大逻辑》，分为上、下册，上册包括存在论和本质论，黑格尔叫作客观逻辑，下册专门讨论概念论。这也是我至今读的最难懂的一本哲学书，反复读，其中很多概念都很有意思！其中的存在论、本质论、概念论都是值得大家深思的问题。恩格斯说：黑格尔的思维方式不同于其他的哲学家，他是以巨大的历史感作为基础来论证。哲学书一直是我喜欢的书，因为它不但带来难理解的字词，还可以使我们不断地反思，思想深邃，系统严整。这类书籍还有很多，比如海德格尔的书、福柯的书都是我喜欢的，由于学识的浅薄、时间和精力的有限，只能读懂里面的皮毛，深层次的还得不断地研读才行！

汕尾市省级新一轮（2021—2023年）中小学（含特教）名教师工作室调研指导工作会议

2021年11月29日上午，广东省中小学叶宇斌名教师工作室在汕尾市教育局参加汕尾市省级新一轮（2021—2023年）中小学（含特教）名教师工作室调研指导工作会议并进行了工作汇报，汇报获得了工作组专家的指导和好评。

省市教育部门领导和汕尾省级工作室主持人在市教育局合照

汕尾市省级新一轮（2021–2023年）
中小学（含特教）名教师工作室
调研指导工作会议
汕尾市教育局
2021年11月29日

学党史
办实事
开新局
汕尾教育

汕尾市省级新一轮（2021—2023年）中小学（含特教）名教师工作室调研指导工作会议

省名教师工作室主持人叶宇斌老师汇报工作

省名教师工作室主持人叶宇斌老师介绍参与出版的书籍

《独行速　共行远——我和我的工作室》一书由编者从全省308个中小学名教师工作室中选取93个工作室的建设案例结集而成，由广东高等教育出版社出版，汇集了名教师工作室主持人带领各自团队共建省级名教师工作室、打造工作室品牌、创新名师培养模式、提炼教学风格、凝练教学思想、实现专业共同成长的心得体会。该书分为三册：上册涵盖义务教育小学阶段的语文、道德与法治、英语、数学；中册涵盖义务教育初中阶段的语文、道德与法治、英语、数学，义务教育和普通高中教育的音乐、体育、美术、信息技术以及特殊教育；下册涵盖普通高中教育的相关学科。该书适合作为同行指导和建设教师工作室及培养教师的参考用书。广东省中小学叶宇斌名教师工作室的相关文章在此系列书的中册。

广东第二师范学院美术学院领导、教授莅临工作室指导教研

2021年11月21日，广东第二师范学院美术学院党委书记陈才文、美术学院院长卢小根、美术学院副院长罗文勇、美术学院副院长程耀和梁达涛博士、郭楚开博士、程裕灯老师莅临省名师工作室指导教研。

广东第二师范学院美术学院相关领导莅临工作室指导教研

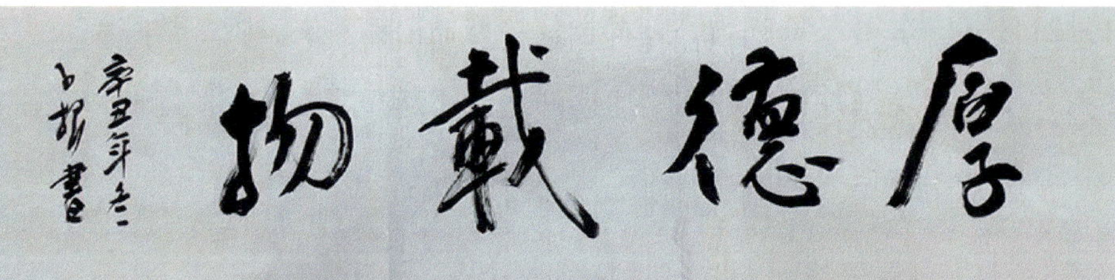

卢小根院长作品

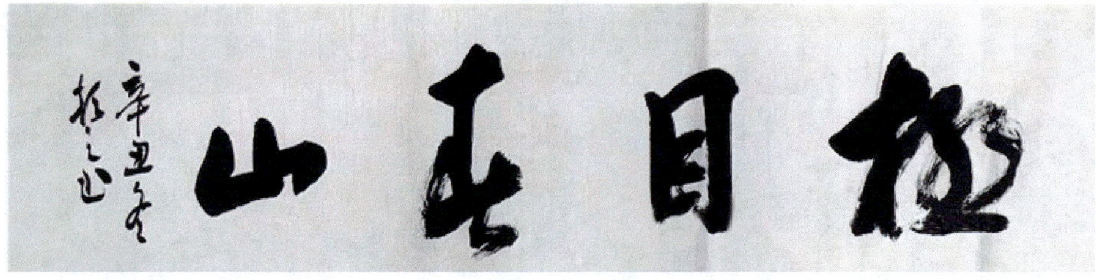

程裕灯老师作品

郭楚开博士作品

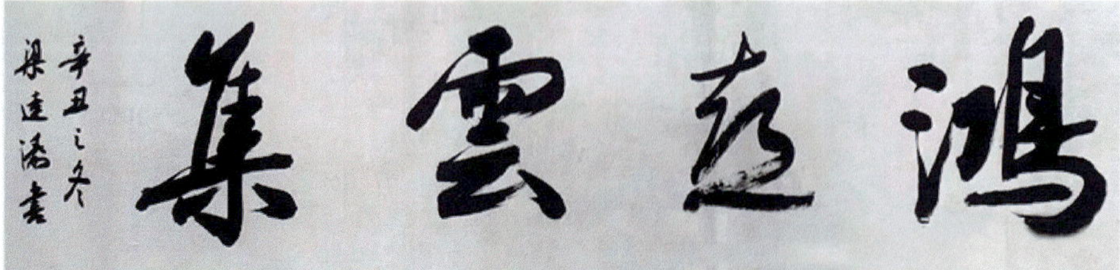

梁达涛博士作品

集中教学　提高能力

——广东省中小学叶宇斌名教师工作室省骨干教师跟岗集体研修活动

2021年12月10日，广东省中小学叶宇斌名教师工作室省骨干教师跟岗集体研修活动拉开序幕，工作室成员们在省名师工作室主持人叶宇斌老师的带领下开展第一天的集体教研活动。

研修合影

首先，叶老师为学员颁发学员手册及学员证，并详细介绍本次跟岗研修活动的行程安排，为每个学员的培训指明了方向与目标。

接下来，工作室学员及成员们开始教研活动，集思广益，坚持以省精品课程的标准要求自己，坚持“一师一课，一师一特”的原则，为接下来的上课安排做好准备。

下午，叶老师率先为全体学员及成员们上了一堂优质示范课，课题为“美术家是如何进行表达的——美术作品中的艺术语言”。课中，叶老师亲切的师态、精简且幽默的教师语言使整个课堂气氛浓烈，让容易枯燥的美术鉴赏课变得趣味横生，推翻了老师们对鉴赏课的刻板印象，让大家获益良多。

研修场景（一）

甘媛满老师也给大家带来了一节示范课，课题为“中国画”，甘老师是实验中学的老师，她为我们详细地介绍了中国画的由来和工具，学生听得津津有味，她频频与学生互动，也使整个课堂充满浓厚的学习氛围……

研修场景（二）

课后，全体老师对两位老师的示范课给予了高度评价，浓烈的课堂学习气氛，优美的教师语言，巧妙的引导，深深折服了每位老师的心！本次跟岗集体研修活动结束。

海丰县域省、市“三名”工作室联合揭牌仪式

——广东省中小学叶宇斌名教师工作室省骨干教师跟岗集体研修活动

2021年12月11日，广东省中小学叶宇斌名教师工作室揭牌仪式在海丰县彭湃中学艺术中心隆重举行。

广东省中小学叶宇斌名教师工作室、汕尾市中小学吴娘粒名校长工作室、汕尾市中小学李文海名教师工作室和汕尾市中小学吴肯林名教师工作室，以及汕尾市中小学庄依蓝名教师工作室、汕尾市中小学马丽红名班主任工作室、汕尾市中小学黄翠琳名教师工作室、汕尾市中小学梁建伟名教师工作室8个“三名”工作室的揭牌仪式同时举行。

出席本次会议的有广州大学美术与设计学院美术系党委书记许洪林，广东技术师范大学教育科学与技术学院教授曹育红，市教师发展中心主任陈利群、副主任吕伟枝，市教师发展中心师资培训部主

叶宇斌老师发言

任王其文，市教师发展中心科研办主任吕小绒，海丰县教育局副局长欧永钦，市、县两级教研员以及8个工作室的入室学员、助手等，共计200多人。

揭牌仪式由海丰县教师发展中心陈源德主任主持。揭牌仪式上，工作室的主持人和学员代表做了发言。

陈利群主任发言

叶宇斌老师作为连续三届工作室主持人，汇报了工作室的宗旨及理念、成果，名师工作室将致力于为省、市中小学教师解决教学、研究中的困惑，与广大教师在教学研究中同探究、共成长。

汕尾市教师发展中心陈利群主任做了重要发言，他表示，工作室的名称是以校长和教师的名字命名，用以勉励工作室的主持人利用好工作室的这张名片，擦亮工作室的名牌，多出成果，出优质成果，发挥好工作室示范、引领、辐射的作用。

同时，陈主任也对工作室提出了三点建议。

一是工作室要积极开展高质量的学术研究，开发优质教育教学资源，推广教育教学成果，在成就自我的同时，还要发挥榜样的力量，辐射、引领周围的教师共同进步。

二是工作室成员要珍惜学习机会，抓住机遇，在主持人的引领下，不断提升个人的专业素养，借助工作室的平台，充分展示自己的教育智慧，并在工作室的推动下，形成推动教师深入开展教育科研的良性生态。

三是工作室需要主持人和成员共同建设好、维护好、运行好。大家要严格按照工作室建设和管理办法，切实履行好主持人和成员的职责，充分发挥出示范引领和辐射作用，进一步锤炼和积淀个人教育教学智慧，不断提高教育教学管理水平和科研能力，肩负责任，不辱使命，积极推动彭湃中学乃至汕尾市教育事业健康、持续发展，为汕尾市教育质量的进一步提升做出应有的贡献。

揭牌仪式合影

活动的最后，全体领导、专家和教师移步至艺术中心门口，由广东省彭湃中学校友会会长陈炳、广东技术师范大学教育科学与技术学院教授曹育红、广州大学美术与设计学院美术系党委书记许洪林、市教师发展中心主任陈利群、海丰县教育局副局长欧永钦为工作室进行揭牌，并和工作室主持人及学员合影留念。

叶宇斌老师为工作室成员颁发了证书，为许洪林教授颁发工作室专家导师证书。作为名教师工作室的主持人，叶老师在中小学美育教学工作中积极发挥引领带头作用，学习先进教育理念，认真钻研教育方法，多次下校听课，和老师们共同研课、听课、评课，为省、市中小学美育教学质量的提升贡献力量，为美术教师的发展搭建平台。汕尾市多所学校的美术教师积极投入中小学教学研究工作，组成工作团队，为美术的发展碰撞智慧火花。

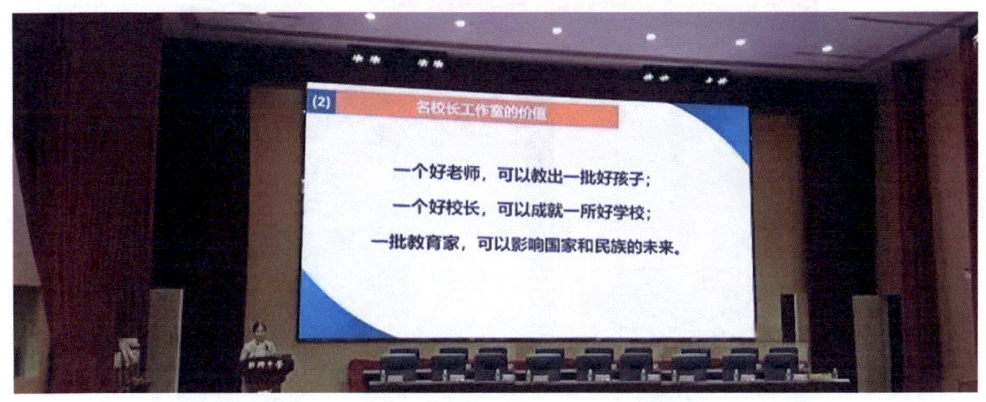

名校长工作室的价值展示

揭牌仪式后，由工作室的理论专家、广东技术师范大学教育科学与技术学院教授曹育红为大家做了“工作室助力教师的专业发展和能力提升”的专题讲座。

曹教授从“工作室的助力作用”“教师专业发展的本质”“教师专业发展和能力提升的路径”和“教师专业能力提升的方法”四个方面给校长和老师们进行了深入的讲解，即校长在开展工作中要做到“忘我、大德、舍我、真我”，要“用整个的心做整个的教师”，努力提升学校的教育教学管理水平；“教师作为专业人员，不断发展和完善专业思想、专业知识、专业能力，从新手型教师到专家型教师”，讲座使在座的校长和老师们深受启发。

活动场景

下午，在叶老师的带领下，工作室很荣幸邀请到广州大学美术与设计学院美术系党委书记许洪林为广东省、市团队做讲座。此次讲座以“美术教师成长三议”为主题，一议：以史鉴今——明理；二议：学以致用——笃行；三议：行为示范——使命，为美术教师的成长点亮一盏明灯，并给出了许多宝贵意见。

广州大学美术与设计学院美术系党委书记许洪林做讲座

许书记鼓励工作室老师们多读书多思考，要反复听他人的教学方法、专家报告和先进教育理念；要细细品读经典教育书籍和专业期刊。作为一名美术老师，其审美能力及鉴赏能力，将直接影响到学生的发展，所以，美术教育者一定要不断地提升自己的专业能力。

最后，许书记进行了精彩的书法示范。

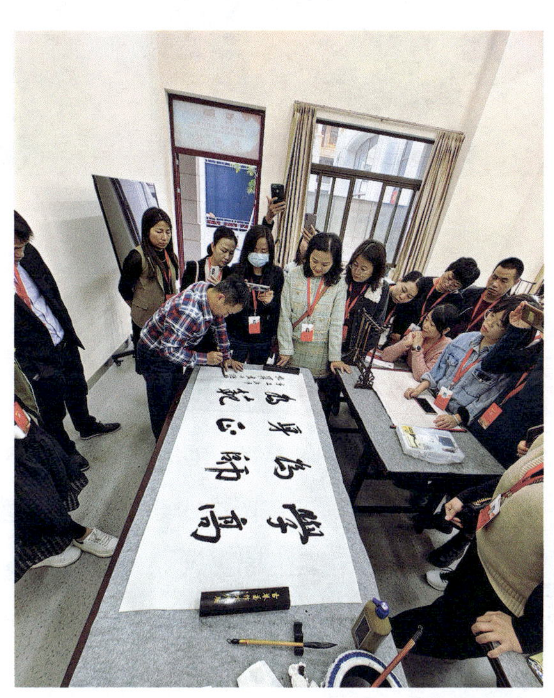

许洪林书记做书法示范

联合研修 写生创作

——广东省中小学叶宇斌名教师工作室省骨干教师跟岗集体研修活动

工作室成员合照

向吕主任授以相关证书

2021年12月12日，这是一个特别的日子，因为这一天广东省中小学叶宇斌名教师工作室、汕尾市中小学梁建伟名教师工作室、汕尾市中小学庄伊蓝名教师工作室3个工作室的学员及成员一起集中在彭湃中学艺术楼省名师工作室学习。上午在工作室学习了汕尾市教师发展中心教育科学研究办公室主任吕小绒带来的“教师专业成长的行与思”，下午前往海丰红宫红场旧址纪念馆写生，这“联合研修、立德树人，红色传承、写生创作”的学习让我们在理论中实践，在实践中论证。

上午，吕小绒主任讲授“教师专业成长的行与思”，教师专业成长的要素、教师专业成长的途径、“双减”背景下教师专业成长的行与思、教师专业快速成长的科研之路四个要点让我们受益匪浅，让我们明白教师只有走上专业化的道路，具有终身学习的能力、时时反思的态度才能始终把握时代的脉搏，洞悉教育的走向，不断超越自我。特别是在“双减”背景下要如何“减”，如何做到真正的“减”、有效的“减”。同时，作为一线教师，在教学中要做好备课、上课、辅导、评价、监测。最后，吕主任与大家分享了做课题、写论文的相关要点，特别是有关研究资料的收集与整理，让一线教师懂得侧重于采用哪些形式来体现课题成果。此次学习让教师们提高了教学理论，积淀了专业知识，在学术上可以更加优秀，更上一层楼。

吕小绒主任讲授“教师专业成长的行与思”

吕主任的讲授受到了大家的高度评价，教师们仔细听吕主任讲的每一句话，认真记下每一个要点。

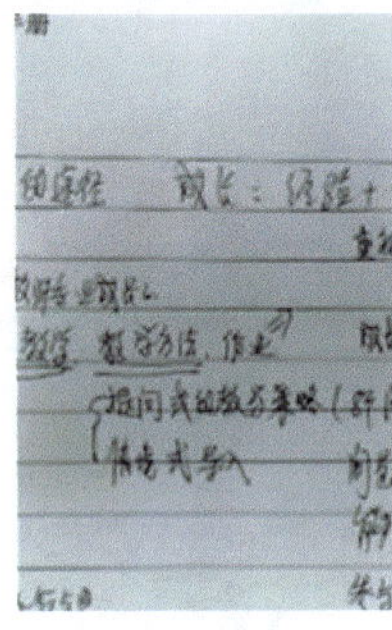
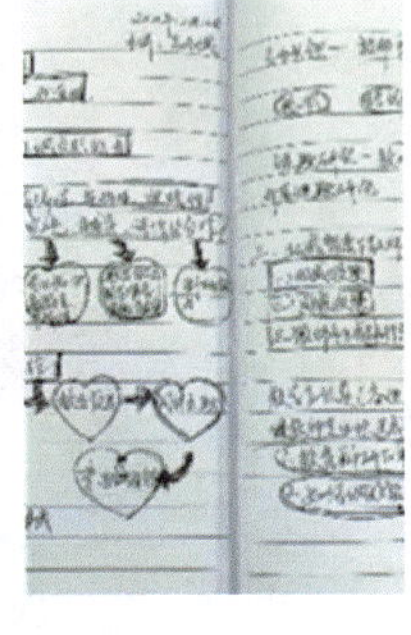

学员认真记录

吕小绒主任与教师们合影

下午，我们前往海丰红宫红场旧址纪念馆写生。在活动开始前，叶宇斌老师给我们讲解了海陆丰革命史，让大家深刻感受海陆丰人民不惧牺牲、在艰难逆境中勇于奋进的老区精神。同时，叶宇斌老师为大家讲解了写生的要点，如怎么取景、怎么构图、怎么取舍等要素。

海丰红宫红场旧址纪念馆写生合影

参加此次研修的教师来自不同的中小学校，每位教师在绘画方面都各有所长，各具风格。他们对取景的筛选、对构图的严谨、对绘画的专业呈现出其各自的个性。在写生过程中，大家交流了各自在绘画技法方面的心得与体会，这对今后的艺术创作产生了深远的影响。

此次写生，我们得到了陈火金馆长和林雁冰讲解员的全力支持和关怀，让教师们可以在海丰红宫红场旧址纪念馆写生。

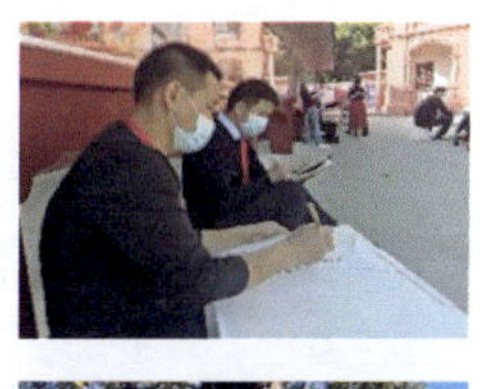

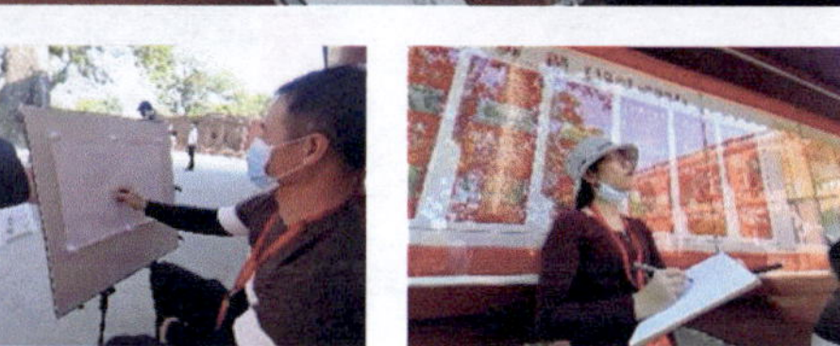

海丰红宫红场旧址纪念馆写生场景（1）

海丰红宫红场旧址纪念馆写生场景（2）

绘画创作源于生活，又高于生活，绘画作品反映着教师们对生活的态度、做事的态度及思维的反应。此次写生的意义很大，因为大家的绘画作品更是我们对红色记忆的追寻和对革命精神的传承。

通过“联合研修、立德树人，红色传承、写生创作”的学习与交流，教师们都学有所获、学有所悟、学有所成。

海丰红宫红场旧址纪念馆写生场景（3）

上课示范　书法研修

——广东省中小学叶宇斌名教师工作室省骨干教师跟岗集体研修活动

2021年12月13日，广东省中小学叶宇斌名教师工作室省骨干教师跟岗集体研修活动第四天积极开展了程道彬、梁妮妮、郑丽芳、雷章高、宫雪五位老师的教学公开课。以“重情，重导，重实践”的教学模式为理念基础，深化教学课题研究，提升课堂教学质量，思考素质化教学。

上午第一节课，陆丰市东海中学的美术教师程道彬给大家上了一节精彩的“对话《千里江山图》”的美术鉴赏课。程老师带领学生走进《千里江山图》的美妙世界，从创作时间、构图、设色等方面进行欣赏，课堂后半段通过山水画游戏让学生现场创作，学习氛围浓厚，学生在课堂上积极活跃。

程道彬老师“对话《千里江山图》”美术鉴赏课

上午第二节课，华侨中学的梁妮妮老师给高一学生带来一节“中国民间美术”课，给学生介绍了剪纸、皮影、泥塑、年画等民间美术，还介绍了汕尾地区的民间美术。层层引导深入，激发了学生的学习兴趣，营造了一个开放的良好学习环境和氛围。在这样一个轻松、活泼、和谐、互动、探究、创新、开放的情境中，学生乐于尝试，学习到了民间美术的知识，教师教态自然，语言表述准确、幽默，师生互动，学生参与率高，体现了素质教育面向全体学生的要求。

梁妮妮老师“中国民间美术”课

上午第三节课，陆丰市湖东中学的郑丽芳老师给我们带来“色彩与心理联想”的美术课。郑老师通过信封和红包，解说了色彩在我们的生活中无处不在，通过人们在生活中对不同色彩的视觉经验和视觉联想，体会和感受不同色彩带给人的不同心理感受。郑老师还展示了不同时期、不同流派的多幅绘画作品，通过引导学生鉴赏和分析这些作品学习装饰色彩、写实色彩和表现色彩三种色彩形式所呈现出来的艺术特点，体会色彩这种艺术语言所特有的艺术魅力。

郑丽芳老师“色彩与心理联想”美术课

下午第一节课，是来自华中师范大学海丰附属学校的雷章高老师带来的精彩公开课“中国绘画欣赏——宋元明清”。雷老师的课以宋代第八位皇帝宋徽宗所推崇的精工之风，黄筌所画的《写生珍禽图》作为开篇，打破了常规的教学形式，采用开放式的教学方法。雷老师深厚的文化素养和良好的课堂把控能力深深吸引学生，整堂课注重学生核心素养的培养，充分体现了“授人以鱼不如授人以渔”的教学理念。

雷章高老师“中国绘画欣赏——宋元明清”公开课

下午第二节课，来自海丰县实验中学的宫雪老师带来了公开课“素养与情操——美术鉴赏的意义”。宫老师通过一段视频生动地导入本课主题，使学生懂得什么是美术鉴赏，分辨美术鉴赏和美术欣赏，厘清美术鉴赏活动与我们日常生活的关系，理解美术鉴赏的意义。整堂课下来，教师有激情，教学环节紧凑，课堂气氛活跃。

宫雪老师“素养与情操——美术鉴赏的意义”公开课

“学而不思则罔，思而不学则殆。”学习，是不断提升的必由之路；交流，能促进教师快速成长；反思，决定教师成长的高度。五位老师的公开课上完后，叶宇斌老师主持对这五节公开课进行了探讨与交流。叶老师提出了建议和改进方法，在评课研讨活动中，教师们畅所欲言、各抒己见，从教学目标、教学内容、教学方法、师师互动等方面，纷纷指出了课堂教学的亮点以及有待改善的地方。在观念的碰撞与交流中，教师们及时发现问题、剖析原因、梳理经验、归纳提升，共同探索更好的教学方式。

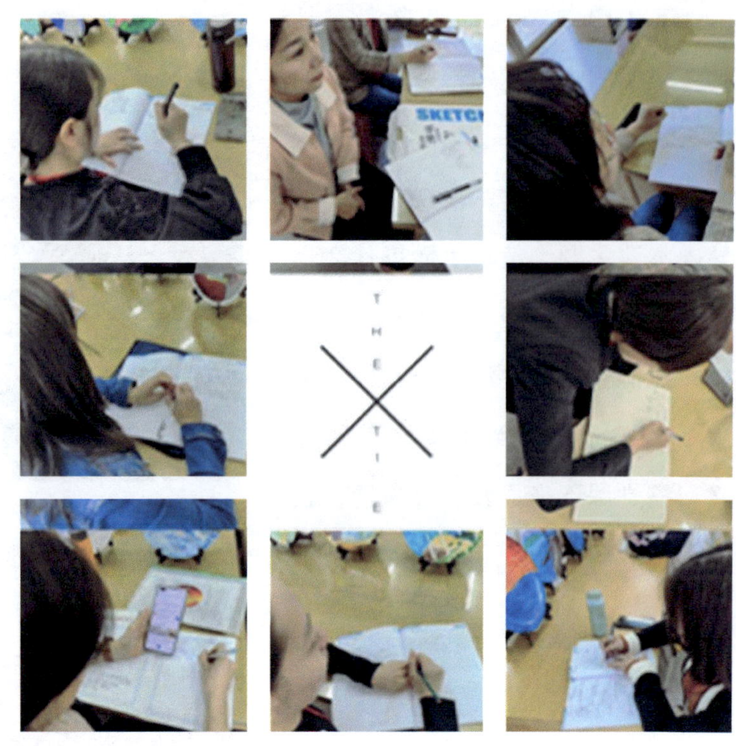

集体研究

随后，学员们在叶老师的带领下进行了一个多小时的书法研修，并现场创作一幅书法作品，大家都非常专注地书写作品，书香氛围浓厚。

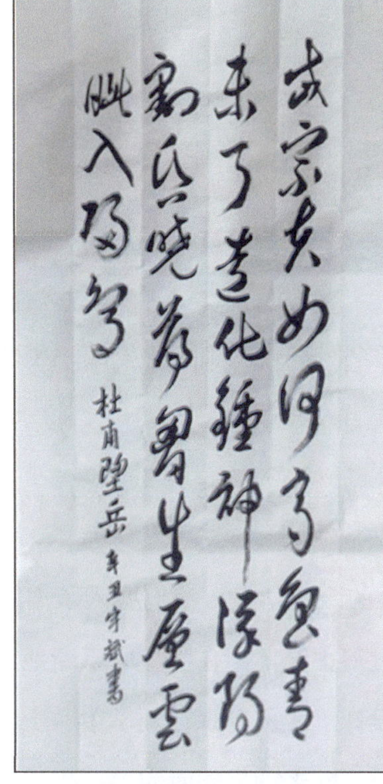

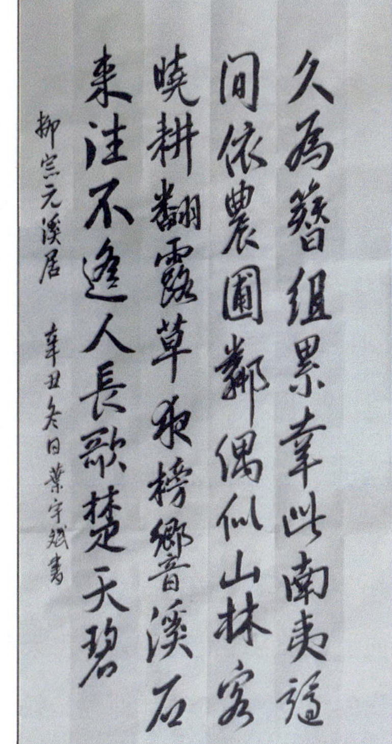

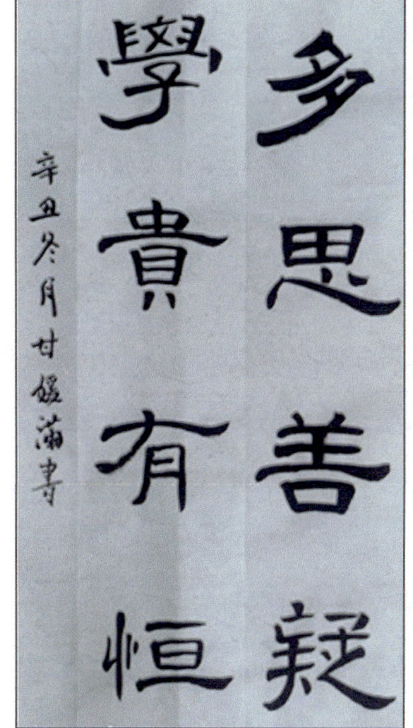

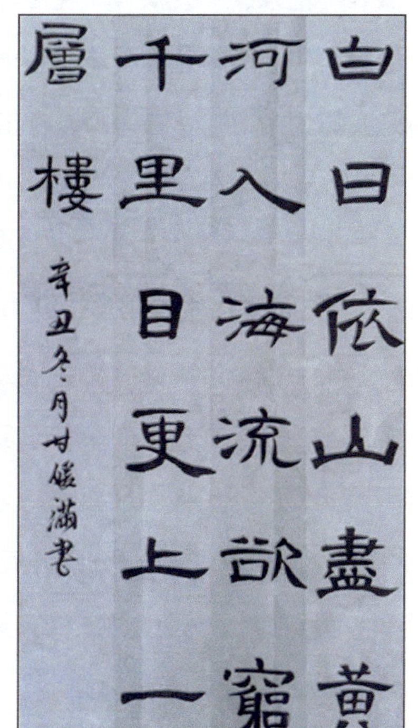

书法研修作品

路漫漫其修远兮，省名教师工作室是个温暖的学习共同体，我们将继续同探究、共成长！

跟岗研修小结

——广东省中小学叶宇斌名教师工作室省骨干教师跟岗集体研修活动总结

参加广东省中小学叶宇斌名教师工作室为期5天的跟岗学习，我们融入了温暖的大家庭，大家都比较努力，积极向上，学习时间比较紧，每天都过得很充实，在学习中不断地成长，进步。聆听专家讲座：积累宝贵的经验，如论文、课题、教学设计、案例等。在教学中：听课、观摩、讲课、写总结、写反思、做开会记录、写公众号。在专业上：叶老师带领我们去写生（绘画），以及书法的临摹和创作。叶老师工作态度很认真，充满正能量，对我们严而有度，并激励我们向上发展，和这样的好老师同行是我们的荣幸。学高为师，身正为范。

——陆丰市林启恩纪念中学　林瑞棋

我很荣幸于2021年9月加入广东省中小学叶宇斌名教师工作室，成为第三届工作室的学员。在2021年11月21日工作室第一次集中研修时，主持人叶宇斌老师就提出了工作室成立的初衷是开展美育浸润的教育教学观点，并希望工作室的所有学员坚持教育的初心，探究美育教学新模式，成长为专业能力和教学能力双向发展的优秀美术教师。为了提升工作室成员们的专业能力，在叶老师的主持下工作室于2021年11月28日和12月2日分别开展了读书分享会和书法研修活动，我们在相互切磋中提升了艺术修养和审美情操，真是受益匪浅。第二次的跟岗研修活动为期5天，具体安排如下：2021年12月10日为集体教研，成员们集思广益，不断提高备课水平；2021年12月11日为海丰县域省、市“三名”工作室联合揭牌仪式，在聆听了领导专家们的讲座后，我们信心倍增；2021年12月12日上午吕小绒主任为三个工作室的成员们讲授“教师专业成长的行与思”，为大家指明了成长的方向和方法，下午我们前往红场进行写生创作，交流美术写生技法；2021年12月13日主要是听课评课活动，共同探索更好的教学方式；2021年12月14日受邀赴陆丰参加汕尾市高中美术学科核心素养路径研讨会，并参观体验国家级非遗文化——陆丰皮影戏。每天都是满载而归！我真心感谢有这样的学习机会，今后必将研修所学运用到美术教育中去。

——海丰县海丰中学　曾振红

时间过得真快，充实、愉快的跟岗学习活动结束了！回顾这5天的学习，真是受益匪浅，收获满满！研修期间听评了主持人叶宇斌老师及成员们上的7节课，自己也上了一节课，听了市教师发展中心吕小绒主任的“教师专业成长的行与思”。聆听了专家曹育红的“工作室助力教师的专业发展和能力提升”、广州大学艺术与设计学院教授许洪林的“美术教师成长三议”等讲座，我深切感受到作为一名美术教师不仅需要深厚的专业素质、文化素养，更需要先进的教学理念，以学生为中心，“一切为了学生，为了一切学生”。跟岗学习期间，除了研修课程，我们还去了红场写生，在工作室习练书法，精进专业水平，在皮影剧团观看了经典皮影戏《海陆丰女子粉枪队》，这颠覆了我对皮影的认知，非常震撼。演出结束后，我们还深入后台向演出艺人请教，自己尝试制作皮影戏影身。感谢工作室叶老师的精心安排，让我们在跟岗学习中不仅提高了自己的教学水平、专业水平，还开阔了眼界，期待下次跟岗学习早早到来！这是一个积极、上进、温暖的大家庭。

——陆丰市东海中学　程道彬

在这几天的集中研修中，我有了深刻的感悟，让我真正做到时时反思、时时进步。在各位老师的课例中，我明白了，上好一节课，需要精心打磨。打磨的不仅仅是课件，更是一个教师在讲台上的每一个环节。我明白，听完一节课，要有所收获，但收获的不是说谁上得好，收获的是为什么上得好。最后，叶老师的评课让我印象深刻，叶老师的评语让我有了前进的方向和动力，更是在教学方面给予了我莫大的支持、理解和鼓励。这让我心里不由想到“人为善本、师为育本”，叶老师的“善”对学生认真负责，对我们学员耐心引导。感恩叶老师！也感谢此次研修的所有老师对我的帮助！

——陆丰市湖东中学　郑丽芳

参加广东省中小学叶宇斌名教师工作室的跟岗学习，大家都积极向上，学习安排的时间比紧凑，每天都过得很充实。我们参观了彭湃中学学生美术作品展，有素描、摄影、脸谱、白字戏等，折射出了老师课堂教学方式的丰富！聆听了许教授和汕尾市教师发展中心吕小绒主任的讲座，获益良多，学习了教学设计、案例、课题研究、核心素养、大数据、国家政策等专业知识。其中一天下午前往国家级红色革命旅游景点之一的海丰县红宫红场写生，感悟先辈为我们创造美好生活所做的贡献。叶老师重视本地民间艺术传承，并带领工作室团队运用于教学，感谢叶老师和亲切的丽红老师安排的充满趣味的艺术旅程！

——海丰县附城镇南湖小学　张振洪

2021年12月10日，有幸参加广东省中小学叶宇斌名教师工作室的跟岗学习，结识了一群志同道合的美术老师，他们为人真诚友善，全是良师益友。工作室是从一点一滴成长壮大起来的，这一路走来，我无幸参与工作室的过去，但有幸参与它的未来，我定会珍惜每一次的学习机会。跟岗研修期间，我们先后参加了工作室揭牌仪式；聆听了曹育红教授、许洪林书记与吕小绒教研员的精彩讲座；欣赏了许书记的书法；大部队一起外出写生；练习书法；一起参加了汕尾市高中美术学科核心素养路径探究研讨会；了解陆丰当地非遗——皮影戏，整个档期满满，每一个环节都让人受益匪浅。最让人印象深刻的是，叶老师及成员们上的7节公开课。评课活动中，叶老师做到了倾囊相授，他教导我们，作为老师，除了自己本身专业要过硬、肯专研、会教以外，更重要的是学生的学，学生学会了并能做到活学活用再创新，才是老师最值得骄傲的事情，要把教师工作当作事业来做，肯干、敢做、坚持做，才能做得好。我很庆幸自己能够成为叶老师工作室的一员，我们工作室的信条是：学高为师，身正为范。

——华中师范大学海丰附属学校　雷章高

我非常荣幸成为广东省中小学叶宇斌名教师工作室第三届的学员。自加入工作室以来，我和工作室的学员、成员老师们一起学习、共同进步，受益多多，同时也感受到了这个大家庭的温暖。在集中研修时，叶宇斌老师就提出了工作室成立的初衷是开展美育浸润的教育教学观点，并希望工作室的所有学员坚持教育的初心，探究美育教学新模式，成长为专业能力和教学能力双向发展的优秀美术教师。在叶老师的主持下，工作室分别开展了读书分享和书法研修活动等。我听了市教师发展中心主任吕小绒的“教师专业成长的行与思”、专家曹育红的“工作室助力教师的专业发展和能力提升”、广州大学艺术与设计学院教授许洪林的“美术教师成长三议”等讲座，深深感受到作为一名美术教师不仅需要深厚的专业素质、文化素养，更要有先进的教学思路。跟岗学习期间，听了几位学员老师的课，感觉每位上课的学员老师都很用心地备课，上课都发挥得非常好。课后我们还及时进行了评课活动，让大家取长补短。除了研修课程还到红场进行现场写生创作，提升了我们的专业水平。研修的最后一天，在陆丰皮影剧团观看经典皮影戏《海陆丰女子粉枪队》，感受到了非物质传统文化的精彩。再次感谢各位专家的莅临指导，也感谢工作室的精心安排，让我们在跟岗学习中不仅提高了自己的教学水平、专业水平，还开阔了视野。让我们在这个温暖的大家庭中愉快地成长吧。

——海丰县附城镇中心小学　尚松柯

加入广东省中小学叶宇斌名教师工作室这个温暖的大家庭，我是幸运的，也是幸福的。感恩这一次连续5天的跟岗研修学习活动。叶老师大小事宜都亲力亲为，让我很感动，研修活动中教导我们要做时间的管理者，充分利用时间去学习，认真做好教研工作，提高学生和自身的综合素养。此次活动中，叶老师还给我们上了示范课并提出了上课建议。课堂上，叶老师非常重视学生美术素养的培养，是我学习的榜样。按照安排，我和其他学员上了公开课，在听课评课中互相交流，一起学习，一起进步。跟岗研修期间非常荣幸地聆听了广州大学美术与设计学院美术系许洪林教授和广东技术师范大学教育科学与技术学院曹育红教授的专题讲座，为我们的成长提出了宝贵的建议，鼓励我们要不断提升自己的专业能力与其他素养，为我以后的学习和成长规划指明了方向。12月12日下午前往海丰红宫红场旧址纪念馆写生，这是我近十几年来第一次外出写生，在叶老师的指导下，我的实践经验增加了。12月14日前往陆丰皮影大厦观看国家瑰宝皮影戏，我激动地欣赏了陆丰皮影表演，参观并尝试操作了皮影，感受到皮影表演者的艰辛与对艺术的执着追求。直接近距离接触家乡民间美术，增强了我的家乡自豪感。此次跟岗研修活动让我收获颇多，不仅学习了知识，还收获了友情。感恩工作室给我这次学习机会。

——华侨管理区中学　梁妮妮

5天的学习虽然很短暂，但带给我思想上的洗礼、心灵的震撼、理念的革新却是前所未有的。无论是广州大学艺术与设计学院教授许洪林的“美术教师成长三议”，还是市教师发展中心主任吕小绒主任的“教师专业成长的行与思”，都令我收获满满，这使我在思想上、业务理论上、工作实践上都受益匪浅。此次学习我见识了工作室成员们的上课水准和叶老师精准的点评，同时也看到了自己与他人的差距，明确了自己在教学上的奋斗目标，还进一步了解和掌握了新课改的发展方向和目标，反思了自己以往工作中的不足。走出工作室，来到陆丰参加了汕尾市高中美术学科核心素养路径探讨研讨会，亲眼看到了地方特色文化代表皮影戏，真的不虚此行。此次培训更新了我的教学理念，为我今后的美术教学打开了新天地，这是我执教的一个新起点，在以后的教育教学过程中，我将会把学习到的知识应用到实践中去，边实践、边总结、边反思，不断巩固所学知识，真正做到学用结合。在今后的工作中，我会铭记培训的这段日子，在美术课堂教学中乘风破浪，扬帆远航。

——海丰县海城镇中心小学　刘欣欣

首先，非常感谢广东省中小学叶宇斌名教师工作室，让我有幸成为这个大家庭的一员，能够在此与大家相聚，共同享受知识的盛宴，倍感荣幸。同时，也感谢叶宇斌老师为我们提供这么好的学习环境，让我们在教育教学的过程中能够再学习、再提高。在这5天中的专项研修培训中，活动内容丰富，形式多样，我们在座的每一位老师都学有所成、满载而归。由于疫情的缘故，没能参与这次的研学，错过了一场知识的盛宴，一次学习的机会。看着各位老师的发图过程，我也能感受到学习的过程热情满满，收获多多。尤其是看到每天的简报内容，课堂教学、课外写生实践，地方特色研学等活动中，老师们都学有所得，学有所用，是一个很好的实践过程，我在几百公里之外的地方也能感受到收获的喜悦。总而言之，非常感谢各位老师的学习分享，使我从中也学有所得，学有所获。

——河源市麻布岗镇壮士小学　邹思杰

特别荣幸能够成为广东省中小学叶宇斌名教师工作室的学员，加入这么有温度的大集体。2021年12月10日，工作室的学员在省名师工作室主持人叶宇斌老师的带领下展开为期5天的跟岗研修活动，每一天的活动都紧凑而精彩。跟岗研修期间，我们参加了工作室隆重的揭牌仪式；聆听了市教师发展中心吕小绒主任的“教师专业成长的行与思”、广州大学艺术与设计学院教授许洪林的“美术教师成长三议”和广东技术师范大学教育科学与技术学院曹育红教授的专题讲座；听评了主持人叶宇斌老师及7位成员的课；叶宇斌老师还带领大家前往红场进行写生创作，一起在工作室练习书法；参观国家级非遗文化——陆丰皮影戏，深入了解民间艺术。我真心感谢有这样的学习机会，感谢叶宇斌老师为大家搭建的学习平台，传播正能量。

——海丰县城东镇名东小学　曾洪銮

2021年6月，我很荣幸成为广东省中小学叶宇斌名教师工作室的学员，自加入工作室以来，深深地感受到叶宇斌老师的辛勤付出，营造了一个学习氛围浓厚、互帮互爱的团队。在此我结识了一群志同道合的伙伴，大家相互促进，共同成长。2021年12月10日至14日进行为期5天的工作室集体教师研修活动，在研修期间，我认真观摩了工作室成员老师们的课堂教学示范课，并聆听了市教师发展中心吕小绒主任的“教师专业成长的行与思”、广州大学艺术与设计学院许洪林教授的“美术教师成长三议”等讲座，深深感受到作为一名美术教师不仅需要深厚的专业素质和文化素养，更要有创新的教学方法和教学思路。这次的研修活动使我实实在在地学到很多，不但丰富了自己的教学技巧，还提高了自己对新课程的解读与落实能力，示范课让我深深地感受到了原来美术课可以上得这么丰富、生动又有趣；教师们的课堂教学真正表达了教师是学生的组织者、引领者，为学生营造一个宽松、和谐、自由、民主的新课堂的创造者。感谢叶宇斌老师为我们搭建起这么好的交流和共同进步的平台，使我们每个人都不再是一个人行走，而是志同道合快乐同行。这次的研修活动，我收获颇大，改变了我原先的传统学习模式，给我带来了新的学习观念与方向和新的教学理念。再次庆幸自己加入广东省中小学叶宇斌名教师工作室，在这里我感受到了浓郁的教学情怀。感恩遇见，感谢有你！

——海丰县实验中学　宫雪

美好的时光总是过得飞快。为期5天的广东省中小学叶宇斌名教师工作室的跟岗学习活动结束了！在这个大家庭里，我深刻感受到了大家在生活中的互帮互助，专业上共同进步、一起钻研的浓厚学习氛围，深深体会到这个大家庭和叶老师的崇高品德一样，德高、身正，专注于教书育人，是个充满正能量的团队。在研修期间，聆听曹育红教授的专题讲座、广州大学艺术与设计学院许洪林教授的“美术教师成长三议”、市教师发展中心吕小绒主任的“教师专业成长的行与思”，深刻体会到如何提升教师的专业素养和文化素养。专家教授们以自己为例鼓励我们从底部做起，以问题为抓手，以学生生活学习实例为抓手，以课题为抓手，实实在在地提升。除了专题研修，我们还去红场写生，到陆丰参加了汕尾市高中美术学科核心素养路径探讨研讨会。聆听了工作室学员林瑞棋老师上的“陆丰非物质文化遗产”一课，课后专家、老师们从各个角度进行了评价。叶老师从更有效的教学角度出发，肯定了林老师的课上得好的地方，着重强调了以学生为本的教学行为：老师讲是老师的，学生学得如何，体现在学生的课后作业上，学生学习之后教师能否写、说、做成课件，生成汕尾的样本，同时品德教育是否到位，是否把教育教学落实到底，这也是一节表演课和一节真正的优质课的区别。我们还去皮影剧团观看了国家级非遗经典皮影戏《海陆丰女子粉枪队》，演出非常精彩，与演员的互动环节更是让我印象深刻。特别喜欢苏格拉底的那一句话：教育不是灌输，教育是点燃。叶老师用他自己的学习热情点燃了我们的学习激情，再次感谢叶老师的精心安排，为我们搭建这么好的快乐学习平台，感恩、感激、感谢！教师是种需要终身学习的职业，让我们在学习路上越走越远。

——海丰县海城镇中心小学　吴琼花

很荣幸能成为广东省中小学叶宇斌名教师工作室的入室学员，非常感谢叶老师在百忙之中筹划本次跟岗研修活动，感谢陈丽红老师作为工作室助手给我们准备贴心的后勤保障，让我们在这5天的跟岗研修中全力以赴地投入学习当中！5天时间，我们参加了“三名”工作室的揭牌仪式，听取了曹育红教授、许洪林教授、吕小绒主任的讲座，如同当头一棒，让我们更加清楚作为一名美术老师的责任与担当以及行与思，更让我们以自己是一名美术老师为豪！其间，我们还听取了许多优秀老师的公开课，他们娓娓而来的教学语言，亲切自然的形象，丰富的文化素养，无一不展示着一名美术教师的魅力！叶老师还带领我们走进红色教育基地红场写生，去感受红色文化及大自然的魅力！最后一天，我们驱车前往陆丰，参加了核心素养研讨会，并亲临皮影大厦，观赏了皮影戏表演，走进后台了解了皮影的表演形式及制作流程，这颠覆了我平时在电视上看到的一切，这样的民间传统文化魅力，深深地震撼了我，让我的心情久久不能平复！也让我深感作为一名美术教师，我们有责任与义务去传承与发展民间美术，且任重而道远！最后，再次感谢叶老师为大家准备的满满的知识干货，感谢各位同人对于我的帮助，祝大家工作顺利，身体健康，万事如意！

——海丰县德成中英文学校　余小姗

成为叶老师工作室的一名成员深感荣幸。在这短短几天的跟岗学习里，我学会了很多，经过叶老师指导，我收获颇丰。学习了先进的教育教学理念，提高了教育教学的理论水平，特别是曹育红教授、许洪林教授、吕小绒主任等专家的讲座，使我学习到了最前沿的教育教学理论，也深深认识到传统教学和新课改下的有效教学的区别。通过听学员们的公开课，提高了我的教学技能，大家教学经验丰富，基础知识目标、思想教育目标等能力目标都体现了以人为本的发展观。除了学到了知识，还结识了来自不同学校的老师，大家互帮互助、融洽相处，一起思考、讨论、探索、交流，既增进了相互之间的友谊又提高了自身的教学技艺，今后我将一如既往努力学习，向叶老师和大家学习。

——陆河县陆河中学　罗新计

本次跟岗活动充分体现了汕尾美术骨干教师的团队力量，在叶老师的安排、主导下，培训有序且紧张地进行，培训的课程以及项目安排让老师们受益良多。特别是受到市教师发展中心主任吕小绒“教师专业成长的行与思”和广州大学艺术与设计学院教授许洪林的“美术教师成长三议”的讲座启发，我深切感受到作为新时代的一名美术教师不仅需要深厚的专业知识以及文化素养，更需要先进的教育教学理念，必须以学生为中心，有超前的世界观、教育观。尤其在书法方面，我通过本次跟岗，深切感受到作为美术教师学习并运用书法的紧迫性，必须要拿得起笔，放得下杂念，心无旁骛地进行创作。通过分享交流，我深感团队牵引作用的重要性。让我们携起手来，共同为美术教育事业添砖加瓦，早日实现我们心中的中国梦、教育梦！

——海丰县彭湃中学　徐泽坤

非常荣幸也非常感谢能加入广东省中小学叶宇斌名教师工作室，成为第三届学员，这是一个学术性高学习氛围浓厚的温暖大家庭，在叶老师专业并且细致的带领下，方方面面都做到极致，不仅让我们在学术上得到了提升，很多细节也让我们深深体会到做人做事的正派方法和态度。5天研修时间安排得非常充实，不仅让我们开阔了眼界、增长了学识，还软化了心灵、丰盈了梦想。首先，参加了“三名”工作室的揭牌仪式，听取了曹育红教授、许洪林书记和吕小绒主任的讲座，让我感受了先进的教育教学理念，名师的成功经验，提升了自身的教育教学水平。接着我以学习的态度认真听取了叶宇斌老师和学员老师们的示范课，仿佛走进了“百家课堂”，领略了百家风范匠心独具的教学风格。课后我们还进行评课，及时反思了自身的课堂教学。叶老师还带领我们出去写生（绘画），以及书法的临摹和创作，收获颇丰。叶老师身正为范，充满正能量，极具感染力，对我们严而有度，并激励我们发展，能遇到这样的好老师是我的荣幸。

——海丰县实验中学　甘媛满

自从加入叶宇斌名教师工作室，我才深刻体会到团队对一个新教师成长的重要性和巨大作用。在这段路程中，边走边看，边学边做，有了亦师亦友的工作室成员同行，还有广州大学和嘉应学院、广州第二师范学院的专家教授的引导，广东教育厅的监督和管理，努力的过程就像破茧成蝶，虽然繁忙，但收获更大，成长更多。

第一，精益求精、名师引导。一节课，不同教师的教法不尽相同，但是只要有精益求精的态度和精神，就能把一节课上得流畅而不失重点、精彩而不失节奏。叶宇斌老师组织的各种培训、听课活动、外出活动无形中都透露着其精益求精的态度，追求完美的性格。从读书笔记、听课心得、研修日志、培训感悟，到资源共享的建设、博客和微信公众号的坚持更新，叶老师的认真、踏实、负责、敬业爱岗精神都让我们由衷感到敬佩。关注教育前沿，潜心钻研教学。通过多次观摩其他老师的课，我也学习到了其他老师的优质课堂的教育理念、特色及教学设计思路等。

第二，高质量地教学，保持一颗不断思考、不断学习的心。工作室多次组织了教学教研的培训讲座，有叶老师主持的课题研讨、有吕主任的课题经验分享讲座、有广东大学许洪林教授的教师成长分享，我感到无比敬佩，充分感受到汕尾美术团队的不断强大！

第三，团队协作，共同成长。在叶老师的带领下，团队成员互帮互助、齐心协力，分享经验、交流想法。在每一次的教育教学研讨活动中，成员都能共同交流听课收获并对课堂的设计提出了个人宝贵且中肯的修改意见，互相鼓励而又不失严格严谨地提出教学思考观点。希望在团队的共同努力下，打造出团结、高效率、高成果的名师工作室。

——陆丰市龙潭中学　曾垂法

作为省工作室的助手，我有幸参与了叶宇斌老师组织的每一次研修活动。感谢省工作室这个平台给了我更多锻炼和学习的机会。在本次研修活动中，有幸聆听了许洪林教授和吕小绒主任的讲座，并与许多优秀的老师相遇与对话，明白了21世纪教师面临的挑战是转变自己的观念，建立与学生对话的通道。转变固有课堂教学观念，明确我们教师的责任不仅是进行好的教学，还要尽可能提高学生学习的质量，为所有学生提供高质量的学习机会，建立学习共同体。正如吕主任所指出的，教师要常常进行反思性教学，对自己的教育行为、教育细节进行追问、审视、推敲、质疑及批判是教师实现自我提升的最有效途径。本次研修活动中，通过聆听高水平高质量的专家讲座，我真正更新教学观念，掌握了基于问题为导向的课堂教学方法，对教学的真谛有了更深刻的认识。期待未来我的教育教学能力能得到提升。

——海丰县彭湃中学　陈丽红

非常荣幸成为省叶宇斌名教师工作室第三届成员，回望，每一次跟岗学习都是满载而归，受益匪浅。每一次研修都是新的起点，不但一次次更新了教学理念，更是在许洪林教授、吕小绒主任等专家的精彩讲座中开阔了视野；在主持人叶老师的魅力指引下，在体验中学习，在学习中体验，感受到了思想火花的碰撞，收获满满。

我想名教师工作室是一片肥沃的土壤，能给每一棵树苗灌输营养，快乐且快速地成长；名教师工作室更像是一艘邮轮，它将载着我们去远方遨游，去获取更丰富的知识和经验，去不断探索、创新。

——海丰县可塘镇中心小学　刘桂深

很荣幸又能成为广东省中小学叶宇斌名教师工作室的成员，继续聆听专家和名师的指导，与其他成员互相学习，从而进一步提升自己。所不同的是，这一次工作室的环境更优美，规格更高。

“独学而无友，则孤陋而寡闻。”我继续参加工作室，深深地体会到这样一个道理：学习书画，需要有名师指导，同行互相学习，才能更快地提高自己的技艺。教学也是一门艺术，同样需要名师专家的指引，跟同行互相学习，才能开阔自己的眼界，提高自己的教学业务水平。而叶宇斌名教师工作室刚好给我们提供了一个很好的学习平台。这一次的培训，让我感受到了成员之间的团结与努力，就如一个大家庭。有句话说得好，“独行快，众行远”，我希望能在本次成员学习中学有所成，从而提高自己的教学水平。

——海丰县梅陇中学　郑克波

感谢叶老师和工作室的教育家人们！我从2018年加入工作室，成为工作室的助手，工作室给了我很多锻炼和学习的机会。

本次研修活动中，虽然因为个人的原因，未能全程参加所有的活动，但我仍然时刻关注我们本次研修的动态，并有幸与许多优秀的老师相遇并对话，有了许多的收获和感悟。

作为新时代的教师，我们面临的教育世界，是与孩子生命相遇的世界，是唤醒孩子灵魂的世界，是师生在教育天地里共同成长的世界，是无数美好瞬间在这里集合的世界，也是向这个世界成就并呈现一切美好的世界。我认为在叶老师引领下的工作室，就是这样一个美好的存在。不畏浮云遮望眼，在涛走云飞、花开花谢中把握教育摇曳多姿的身影，洞悉教育的真谛，明辨教育的是非，不被浮躁喧嚣遮挡，不被光怪陆离迷惑，不被世俗蛛网掩盖，判断教育的价值，认清教育的方向！

作为新时代的教师，我想我们应该进行教育生涯规划，转变自己的观念，建立与学生对话的通道。作为新时代的教师，我想我们应该常有怀柔之心，悲天悯人之情，人间大爱之举，多些柔肠、多些冷静、多些理性、多些耐心、多些包容，尊重教育规律，遵循教育常识，捍卫教育本真，坚守教育良知，放慢教育脚步，春风化雨，不急不躁，让蜗牛带着每个孩子散步、让花期不同的孩子都开出美丽的花、让不同的稚嫩生命都有枝可依，不急不躁，淡泊宁静，不忘初心，孜孜以求！

——海丰县彭湃中学　江牡丹

非常庆幸在教师生涯的关键时刻遇到叶老师，叶老师身正为范，充满正能量，极具个人魅力，对我们像师长，像朋友，威严而有度，激励我们向更高发展；在工作室期间能聆听众多专家的学术讲座，得到众多名师的指导，也能及时了解最新的艺术教育资讯；与工作室成员互相学习，开阔了视野，在体验中学习，在学习中体验，从而进一步提升自己。

“独行快，众行远”，有幸结识来自全省各地的老师，大家相互帮扶，一起思考、讨论、探索、交流学习，融洽相处，既增进了相互之间的友谊又提高了各自的教育教学能力，希望今后能继续同叶老师和各位同人学习。

——惠州市实验中学　方全锋

2022年“美育风采”强师工程和协同育人系列教研活动

为深入贯彻落实《教育部办公厅关于开展体育美育浸润行动计划的通知》等文件要求，全力提高汕尾市美育教学水平，为了更好地促进美育浸润行动计划的开展，助力乡村文化振兴，汕尾市教育局联合广州大学、广东省许钦松艺术基金会开展美育浸润乡村美育教师培育，于2022年7月11—15日集中开展“美育风采”强师工程和协同育人系列教研活动。

【第1天】

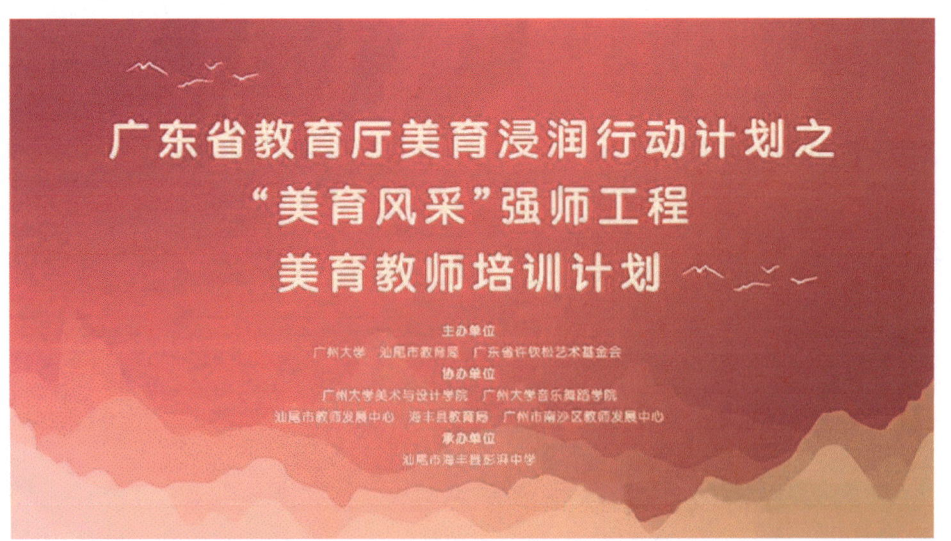

活动宣传视图

7月11日，广东省教育厅美育浸润行动计划之“美育风采”强师工程美育教师培训于海丰彭湃中学隆重开启，出席此次活动启动仪式的有广州大学美术与设计学院美术系许洪林书记、汕尾市教师发展中心科研室吕小绒主任、广东省中小学名教师工作室主持人叶宇斌老师、汕尾市各地美术教师、省名师工作室成员、广东省高中美术学科教研基地（汕尾）成员。大家将在彭湃中学学习5天。此次培训是主办方深入研讨、精心设计的培训方案，根据疫情防控的有关规定，授课全部采取线下和线上培训两种方式进行，线下在海丰彭湃中学举行，并同步开通线上培训讲座。

集体合影

活动开始，广东省中小学名教师工作室主持人叶宇斌老师介绍了活动的基本情况，并将此次5天师资培训内容做了介绍。培训内容针对性地回应了乡村美育需求，同时以美术为桥梁，开拓乡土文化特色课程，提高学生艺术素养和审美能力，提升其文化自信，为乡村美育发展打下坚实的基础。

叶宇斌老师主持

上午课程由广州大学美术与设计学院美术系党支部书记、副主任、副教授许洪林老师带来“知行合一·基础教育课题研究与论文写作”的讲座。许教授给大家分享“知行合一”的理念，并带着这个理念给大家讲解教研的重要性，讲授课题立项的注意事项及如何开展课题研究、如何写能够发表的论文等，最后深入讲授了课题研究的方法、要点及技巧。许洪林教授还提出了对教研要有“分析问题、提出问题、解决问题”的精神，如工作中经常出现的问题，要善于去分析；对教学中的知识点要学会站在不同的角度提出问题并解决问题，这样课题才能更好、更实在地用于教学工作。最后，许洪林教授分享了自己关于论文的拟定与写作、对关键词的确定的心得。现场参加培训的老师们认真记下每一个要点，并在互动环节踊跃发问请许教授解惑，老师们均反映上午的讲座收获满满。

许洪林教授“知行合一·基础教育课题研究与论文写作”讲座

学员认真记录

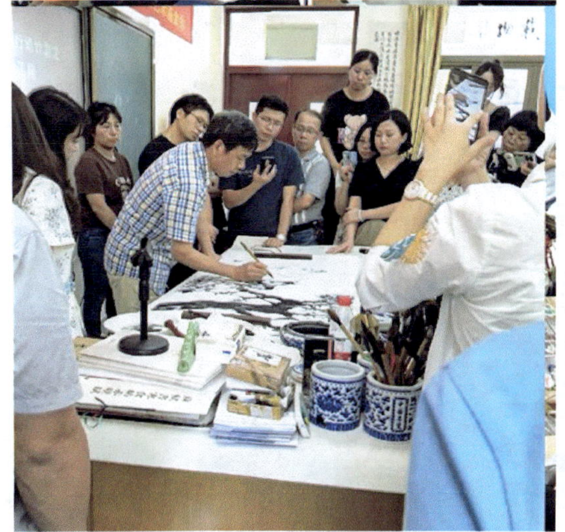

曾宪锦老师现场示范《人物水墨画》

下午是中国人民解放军南部战区空军政治工作部文艺创作室画家、中国空军美术书法研究院艺术委员、中国美术家协会会员、广东省中国画学会理事、广州大学客座教授曾宪锦老师给一区两县的美术老师现场作画《人物水墨画》，同时讲授“水墨画专业技能提升实践”课程，现场老师纷纷表示受益匪浅，现场学习的效果好、收益大。比如，如何用胭脂、藤黄加白调出写意人物肤色，如何把握画面构图，特别是对笔与墨的力度、墨加水的量度、墨水与纸的渲染度都能肉眼所见。通过水墨画的现场绘画，曾宪锦老师给大家上了一场“墨如何不爱色，色如何不爱墨”的艺术盛宴课。

今天的两场课对我们在座的所有美术教师的专业成长有指导性的作用，不管是许洪林老师讲授的“知行合一·基础教育课题研究与论文写作”的理论课，还是曾宪锦老师的《人物水墨画》现场作画课，其中的讲授列举都来自他们亲身的实践，并且是成功多年积累的宝贵经验，他们所讲的每一论点、每一事例都给现场的美术教师带来了新的教学感悟，正如叶宇斌老师说的，今天的讲座如同一口清泉，美育浸润着大家的身心。

集体合影

【第2天】

7月12日，汕尾市美术教师在彭湃中学省名师工作室进行了培训学习。

叶老师介绍了今天学习的课程和相关情况，主办方邀请了全国优秀教师、广东省特级教师、广东省学校美育专家库成员、汕头市小学美术教师工作室主持人——陈璞老师为我们上了版画美育课程。

叶老师主持

陈璞老师以“践行新课程理念 探索乡村美育之路”为题，首先强调了美育必须以中华优秀传统文化为基础，培育学生深厚的爱国主义情操。

陈璞老师“践行新课程理念 探索乡村美育之路”讲座

其后，陈老师又结合《普通高中艺术课程标准（2017年版2022年修订）》，通过大量优秀乡村美术教师的成功案例，以及分享他本人的一系列成功经验，讲述了乡村美术教师如何发挥创意利用现有资源开展美术课程的实践活动，实现美术教育的普及化、特色化，从而达到振兴乡村美育的目标。

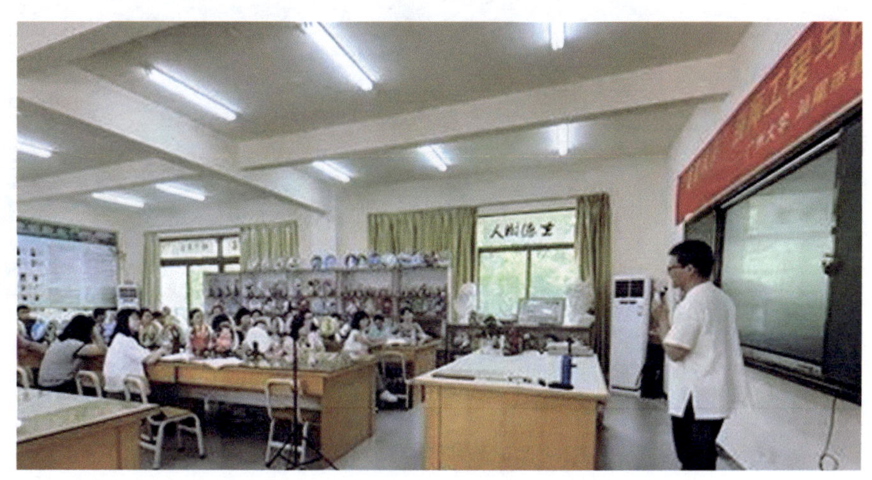

陈老师《承传版样印画新篇》版画介绍

陈老师的讲座激励在场的每一位美术教师。紧接着他又为大家介绍了《承传版样印画新篇》的版画，并现场详细地为老师们示范了制作纸版画的过程。现场大部分老师都是版画新手，在听了陈老师的介绍和示范之后都深深喜欢上了这极具艺术表现力的版画。

课堂现场

下午，大家在陈老师的指导下进行了创作实践。

创作实践

通过此次版画课程学习，老师们不仅了解了版画的艺术发展过程，还掌握了一定的制版手法和版画画面处理方式，提升了视觉修养及个人实践能力。

创作实践

老师们的作品各具特色，体现出纸版画独有的魅力和“印”味。

学员老师作品

集体合影

【第3天】

“绿树阴浓夏日长，楼台倒影入池塘。水晶帘动微风起，满架蔷薇一院香。”炎炎夏日，时间总是快在转眼慢在当下，不经意间已经是广东省教育厅美育浸润行动计划之“美育风采”强师工程美育教师培训的第3天。我们也迎来中华文化促进会剪纸艺术专业委员会会员、广州市十佳美术教坛新秀、广州市骨干教师、广州美术学院教育学院优秀实习指导教师、番禺区优秀民间艺术传承十大名师之一、番禺区民间女艺人、番禺区优秀教师吴星云老师。吴老师为我们带来了精彩的讲座“传统剪纸与特色课程打造”，她以“展我风采，报最京兆”为主题介绍京兆小学剪纸特色及以自身的成长带动学校特色发展的需求。特色铸就品牌，随着全面实施素质教育的深入和中小学校自身内涵发展的需要，学校变革问题越来越引起了教育理论的实践工作者的关注。改变原有的同质化发展状态，特色立校、特色强校、特色兴校成为学校发展的价值选择。剪纸本是中国最具特色的民间艺术之一，尝试将剪纸和本土文化结合进行创作，根据剪纸艺术本身的层次性以及学生心理发展阶段，分年段教学，把更多的剪纸教学方法带到课堂。吴老师还整理、编写剪纸校本教材《巧手剪出美丽的童年》，既重视剪纸的基本知识与技能，又重视培养学生的创造能力、创新意识。把“剪纸”引入常规课堂、艺术培优社团课堂，使学生对剪纸产生更浓的学习兴趣，使剪纸这项非物质文化遗产得以代代相传。吴老师现场细致、耐心地指导我们进行百变团花的实操，老师们兴趣盎然地享受创作团花作品带来的快乐，一幅幅百变团花作品给我们带来了惊喜。

叶老师主持

吴星云老师“传统剪纸与特色课程打造”讲座

学员创作

集体合影

下午聆听了广州市增城区教师发展中心、中小学美术教研员陈杰老师带来的精彩讲座“教学评一体化中小学美术课堂教学的探索与实践”。陈老师强调课堂教学的教、学、评的一致性，就是落实教什么、学什么、怎样评，实现以评促学、以评促教、以评促研的一体化和融合，实现无缝衔接。我们需要怎样的美术课堂：①以美育人：审美教育、育美融德的目标。②以文化人：树立文化自信、实现文化传承的目标。③以技育人：坚持美术表现、培养创意思维的发展的目标。

陈老师还认为，美术课就应该给学生带来美感，“爱美之心，人皆有之”，没有美感的美术课不是成功的美术课。

美术教育不应该是单纯地教会学生认识美、欣赏美和创作美，更应该是帮助学生建立美的信仰和美的人格的过程。德才兼备是现代复合型人才的必备要求，对学生进行良好的情感教育和道德熏陶是美术教育不可忽视的重要任务。在美术教学过程中融合文化传承，基于核心素养形成路径、落实教学评一致性的导学案设计、优化作业设计、做好艺术质量测评，是一种必然而且有效的教学思维。对推进美术教学和实现育人目标具有重大的教育意义，是一项艰巨、长期的工程，值得每个美术教育工作者认真思考、实践、总结和提高。我们每一位美术老师一定要带着强烈的使命感，以“横刀立马”的信心和决心，敢于担当，为新时代美术教育事业发展添砖加瓦。

酷暑炎夏，风吹蝉鸣，林野清朗；瓜果丰饶，萤虫闪耀。希望这个盛夏，我们都不畏酷暑，就如百变团花，恣意绽放，感受导师们炙热的教育情怀，感知中华艺术的璀璨和繁华，感谢国家对乡村美育教师的用心培育。

陈杰老师“教学评一体化中小学美术课堂教学的探索与实践”讲座

现场提问环节

集体合影

【第4天】

广东省教育厅美育浸润行动计划之"美育风采"强师工程美育教师培训活动7月14日（第4天）上午，由广州大学美术与设计学院七彩艺社暑假社会实践队带来"美育资源调研和课程转化"。广州大学的同学们分成三个小组分别向在座老师们汇报了他们深入汕尾市各地调查非遗文化传承项目的结果，还有对地方非遗课程转化的设想，精美的PPT课件带来了很大的震撼力，赢得了在座老师们的阵阵掌声。

广州大学美术与设计学院七彩艺社暑假社会实践队"美育资源调研和课程转化"分享

关于汕尾非遗项目的调研情况，吴毓纯老师做了一次十分详尽用心的调查汇报，并展示了她在汕尾市盐町头小学开展有关皮影戏道具教学的过程及成果，提倡多关注生活，多以学生热爱的内容为教学突破点开展实效可行的非遗美术教学。

吴毓纯老师做汇报

在许洪林教授与叶宇斌老师的主持下，与会的老师同学们进行了互动沟通，通过提问解答的形式分享了现实教学中的心得，现场气氛十分热烈。本次讲座的线上直播也很受欢迎，在线听课老师达到了千人之数。

许洪林教授主持

叶宇斌老师主持

下午我们迎来了第八场专题讲座，大家都早早地来到彭湃中学星河湾艺术中心的省名师工作室，向曹杰钊教授请教书法创作方面的经验。“一花一世界，一草一天国。”广州大学美术与设计学院副教授曹杰钊老师带来的“千株松下两函经　云在青天水在瓶——给中小学书法教师的几点建议”，给大家阐述了书法发展演变的过程，分析了书法大家的字体风格，提出了个人书法风格形成的方法，传授了书法书写的基础知识等丰富的内容。

曹杰钊老师“千株松下两函经　云在青天水在瓶——给中小学书法教师的几点建议”

曹老师现场书法演示

曹杰钊老师理论联系实际，现场进行书法演示，用篆、隶、行、楷书写，实操很详细，讲解了书法的书写规律、用笔方法等。非常感谢曹教授带来的一场书法盛宴。

集体合影

【第5天】

广东省教育厅美育浸润行动计划之“美育风采”强师工程美育教师培训活动7月15日（第5天）上午，由广东省文学艺术界联合会主席、中国美术家协会顾问、广东省美术家协会名誉主席、中国艺术研究院研究员、博士生导师许钦松教授，广州大学美术与设计学院党委书记孙凌教授，广州大学美术与设计学院美术系许洪林教授，汕尾市教育局副局长陈小平，海丰县教育局局长李建生，中国人民解放军南部战区空军政治工作部文艺创作室画家、中国美术家协会会员、广州大学客座教授曾宪锦教授，带领美术浸润活动的美术教师、省叶宇斌名教师工作室成员、省许钦松艺术基金会成员等前往海丰县云莲寺进行写生活动。

大家跟着许钦松教授的脚步登上云莲寺。许钦松教授环视着云莲寺及周边的莲花山寻找写生角度，他在云莲寺里边走边看，时而驻足时而疾走，终于选好了第一处写生地点。只见他慢慢铺开宣纸进行写生示范。许老用独到、深入的洞察力和运笔如刀的作画功底绘出了莲花山的磅礴大气。

许钦松教授现场示范

与学员合照

炎炎烈日，也无法阻挡许钦松教授火热的创作热情。在许钦松教授的带领下，学员们也纷纷拿起画笔找地方写生。

学员写生

许钦松教授画完一幅画后重新找地方继续创作。许教授写生时全神贯注，用笔大胆，线条遒劲灵动，他倡导要热爱自然、保护自然，要有胸怀祖国江山的时代精神。

曾宪锦教授也加入了写生的队伍。许教授、曾教授用实际行动影响和感染着随行的教师，大家在近距离观看了许教授、曾教授的作画过程后都感叹收获很大，受益匪浅。许老、曾教授平易近人，和蔼可亲，对学员们进行耐心、细致的指导，鼓励爱画画的小朋友勤思考、多观察、多练习。

许钦松教授、曾宪锦教授现场示范

集体合影

下午在海丰县彭湃中学，许钦松教授对学员们上午的写生作品，以及前四天培训学员们的课堂作品一一进行了点评，评讲完毕还给大家提问的机会，将一线教师们心中的疑问一一解答。许教授大格局、大学者的风范让我们体会到了真正大家的艺术情志，至真至情、至善至美的意境，体会到了许教授热爱生活，热爱自然，胸怀祖国山河的时代精神。

许钦松教授点评课堂作品

作品评讲完毕，许钦松教授一行移步海丰县彭湃中学星河湾艺术中心一楼的展厅。许钦松教授在叶宇斌老师的陪同下认真观看了彭湃中学师生画展，对师生作品大加赞扬，并提出了宝贵的意见。

许钦松教授等人观看彭湃中学师生画展

看完师生画展，许钦松教授一行及参训教师在星河湾艺术中心会议厅观看了许老通过数字媒体展现的山水画视频，教师们深刻地体会到了许老山水画的气势磅礴，这离不开艺术家个人的文化修养和艺术情怀。许钦松教授也通过系列公益分享活动的开展，让更多普通人，尤其是广大青少年，一起发现文化艺术的独特魅力，受到不同艺术的熏陶，追求更有品位的美好人生，共同助力祖国精神文明建设与时代健康发展。

本次活动的结业仪式由汕尾市教育局陈小平副局长主持，陈局长谆谆教诲，叮嘱一线教师要将许钦松教授的殷切希望作为教师们未来的目标，脚踏实地、勤勤恳恳地一起努力将汕尾市的教育事业发展起来，参加培训的教师要像火种一样将这次培训的心得体会传达给其他教师，传达给每个学生。

许钦松教授感谢对美育教育工作做出贡献的单位和所有参与美育浸润的教师，对参加美育浸润项目的乡村美术教师提出了未来发展的目标：审美水平、文化底蕴都要提升。通过提升教师的专业水平来拉升学生的美术素养，建议将美术的地位提上来，得到社会的认可。希望汕尾的美育工作越做越好。许教授叮嘱美育教师要善于挖掘本土文化，对美育教育关怀，对世界环保不懈努力，对公益活动持续关注，聚焦人类命运共同体大格局，激励、感染我们的民族使命感。

广州大学美术与设计学院的孙凌书记介绍了广州大学美术与设计学院的基本情况，表明会大力支持省教育厅的美育浸润行动，支持乡村教师的培养计划。

紧接着教师代表上台领取2022年广东省教育厅美育浸润行动计划、广东省许钦松艺术基金会乡村美术教师培育计划（汕尾专场）的证书。

结业仪式

本次的学习使我们感受到生活是艺术的根基，艺术是生活的再现，而提高绘画水平最行之有效的方法就是走向生活，到自然中去，不断地在自然中体悟感受表达。5天的培训研修活动精彩纷呈，每一天都收获满满。感谢活动举办方的精心安排，感恩有这个机会参与学习，为我们今后的美育工作指明了方向。

集体合影

参加广东省中小学名教师工作室名师代表课活动

广东省中小学叶宇斌名教师工作室参加广东省2022年中小学名教师工作室名师代表课活动获得了三等奖。

广东省中小学教师培训中心

粤师培〔2023〕9号

关于公布广东省新一轮（2021–2023年）中小学（含特殊教育）名教师工作室“名师代表课”活动获奖名单的通知

各新一轮（2021-2023年）中小学（含特教）名教师工作室：

根据《关于开展广东省新一轮（2021-2023年）中小学（含特教）名教师工作室“名师代表课”活动的通知》，经工作室报名、推荐及专家评审等程序确定，现将广东省新一轮（2021-2023年）中小学（含特殊教育）名教师工作室“名师代表课”活动获奖名单予以公布（具体名单见附件）。

附件：广东省新一轮（2021-2023年）中小学（含特殊教育）名教师工作室“名师代表课”活动获奖名单

广东省中小学教师培训中心

2023年7月21日

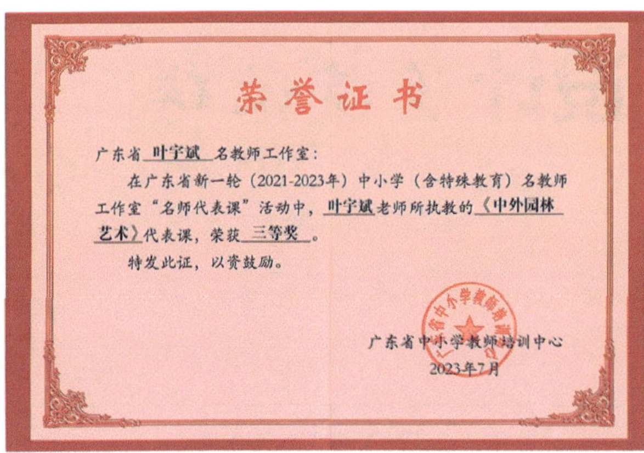

荣誉证书

广东省叶宇斌名教师工作室：

在广东省新一轮（2021-2023年）中小学（含特殊教育）名教师工作室“名师代表课”活动中，叶宇斌老师所执教的《中外园林艺术》代表课，荣获三等奖。

特发此证，以资鼓励。

广东省中小学教师培训中心

2023年7月

叶宇斌老师代表课作品

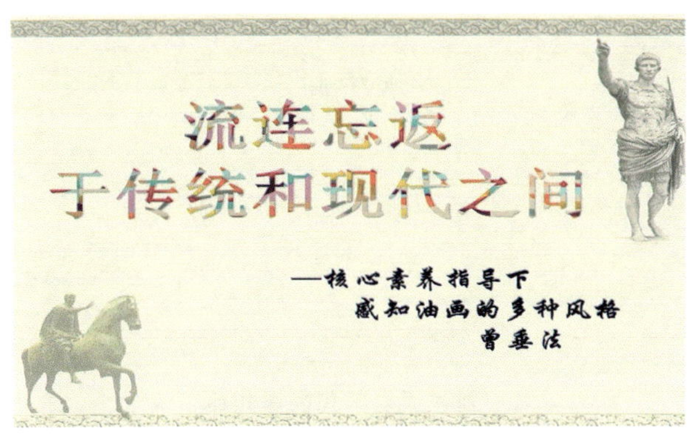

曾垂法老师代表课作品

陈丽红老师代表课作品

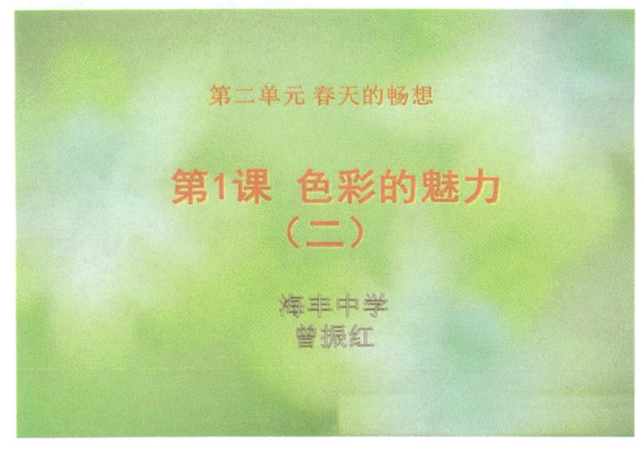

曾振红老师代表课作品

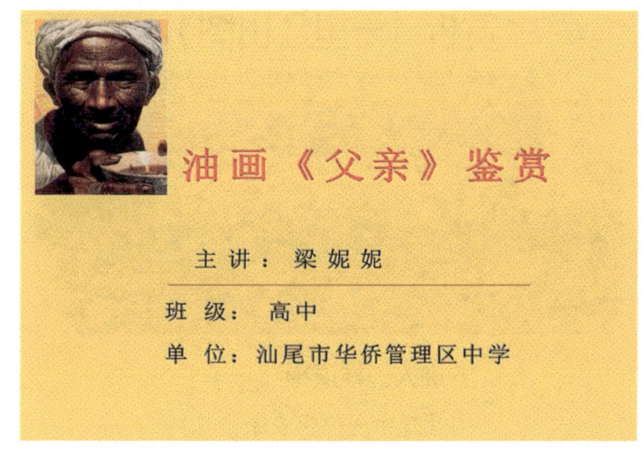

梁妮妮老师代表课作品

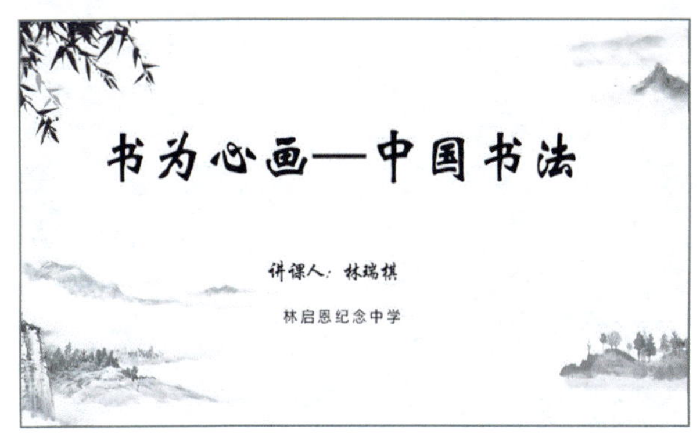

林瑞棋老师代表课作品

刘欣欣老师代表课作品

雷章高老师代表课作品

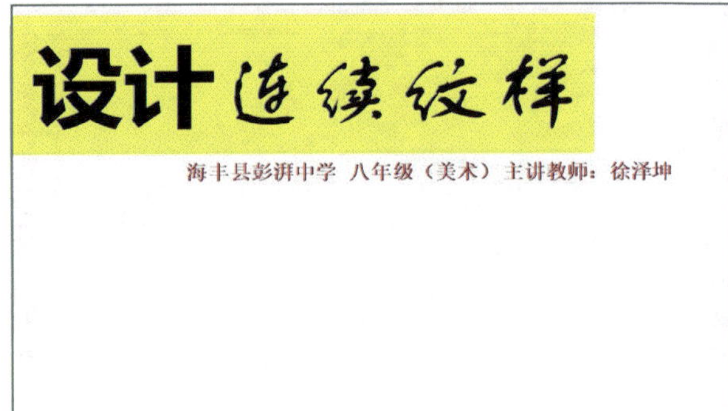

徐泽坤老师代表课作品

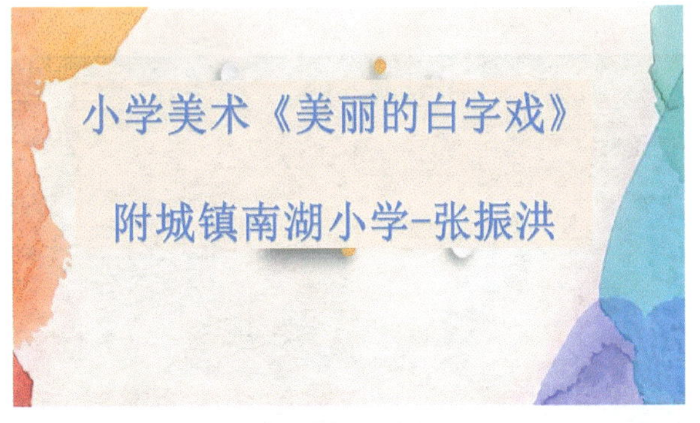

张振洪老师代表课作品

刘桂深老师代表课作品

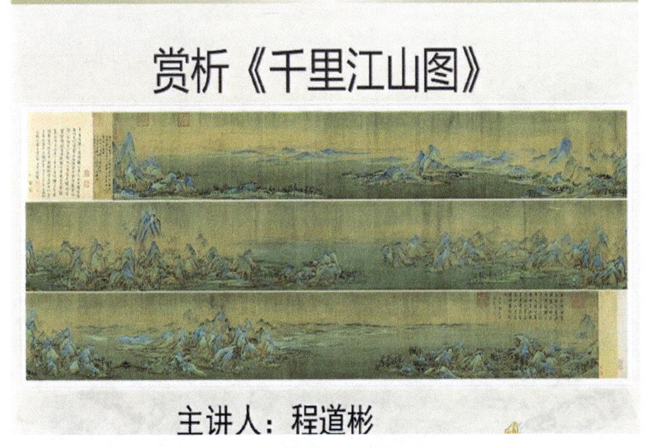

程道彬老师代表课作品

曾洪銮老师代表课作品

宫雪老师代表课作品

梁嘉芸老师代表课作品

何永武老师代表课作品

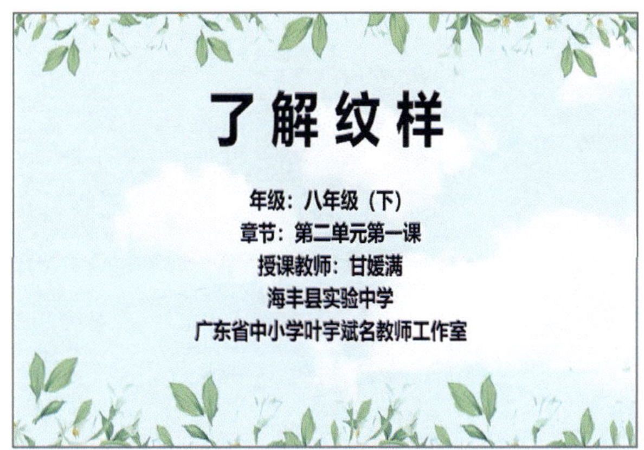

甘媛满老师代表课作品

郑克波老师代表课作品

第三篇

工作室作品展示

喜迎二十大　奋进新征程

——广东省中小学叶宇斌名教师工作室书法美术作品展

为庆祝党的二十大胜利召开，向党的二十大献礼，广东省中小学叶宇斌名教师工作室特举办了“喜迎二十大　奋进新征程”书法美术作品展。二十大讲话启人高志，发人浩气，鼓舞广大师生挥动手中画笔，饱蘸墨彩，用热忱描绘盛世情怀，以赤诚书写崭新时代，展现了广东省中小学叶宇斌名教师工作室在党的旗帜引领下，踔厉奋发、勇毅前行的灿烂篇章。

《喜迎二十大》彭安妮

《墨·色》工作室导师贺景卫

《墨·迹》工作室导师贺景卫

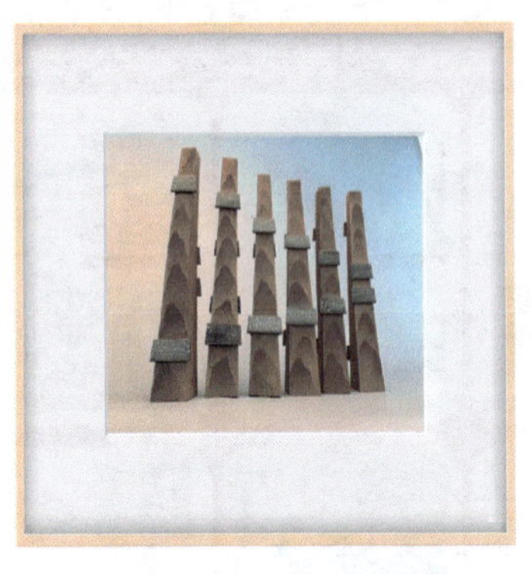

《历史丰碑》工作室导师程耀

《两相依依》工作室导师房尚昆

《面具》工作室导师房尚昆

《致敬龚半千》工作室
导师许洪林

《山中一夜雨》工作室
导师许洪林

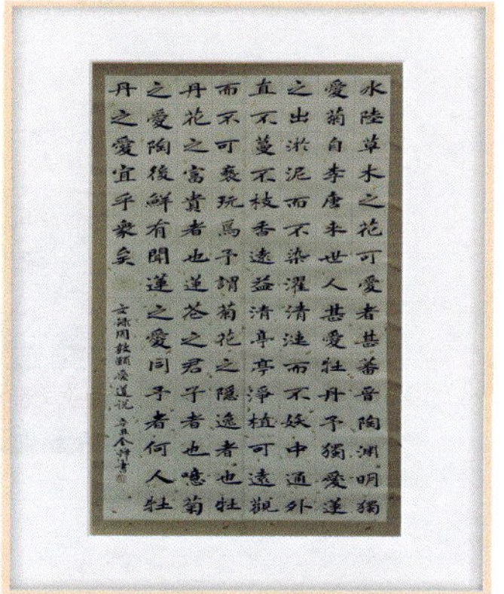

《爱莲说》方金锋

《源》工作室导师吴泽锋

《忠诚卫士》工作室导师钟力为

《国泰民安》工作室导师郑宜波

《汕尾渔歌》工作室导师郑宜波

《花系列之一》张振洪

《风景之一》刘桂深

《风景之二》刘桂深

《乡村大擂台》曾垂法

《时光》李樱芳

《厚德载物》徐泽坤

《春风》尚松柯

《万疆》曾洪銮

《在路上系列》黄珊珊

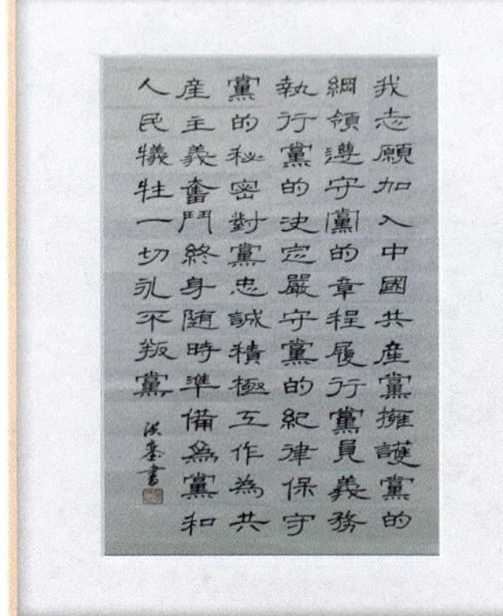

《入党誓词》曾洪銮

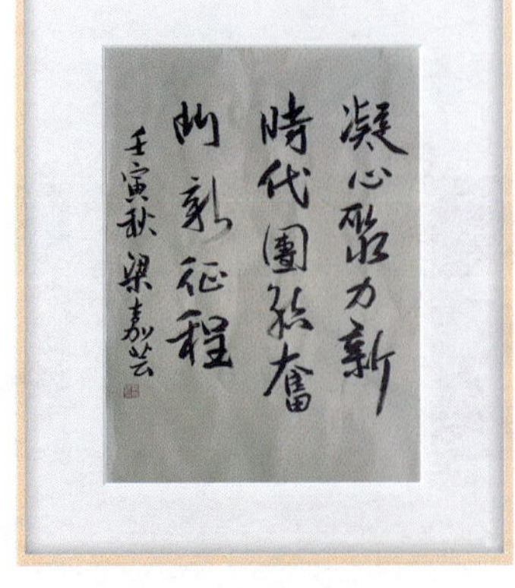

《凝心聚力》梁嘉芸

《花鸟》梁嘉芸

《清馨》林瑞棋

《行——喜秋》邹思杰

《喜悦》吴琼花

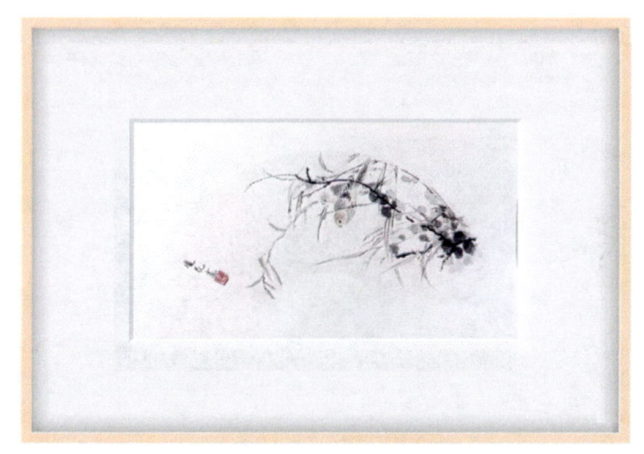

《和谐》吴琼花

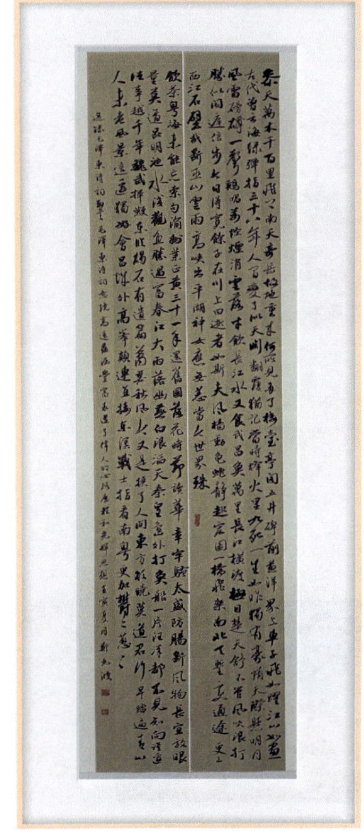

《毛泽东诗词选录》郑克波

《出发》罗新计

《出于淤泥而不染》欧丽珠

《年年有余》欧丽珠

《阳台上》陈丽红

《农家后院》郑丽芳

《传承》郑丽芳

《筑梦》吴小丽

《晨光》江牡丹

《英雄花》江牡丹

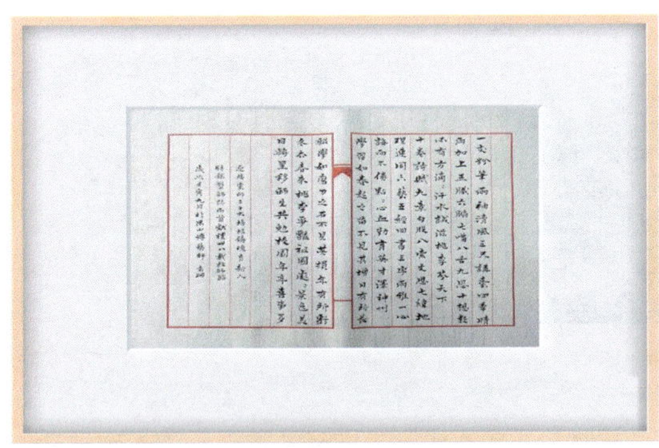

《教师赞》袁珊

《启程》翟克

《村头》翟克

《红海湾的蓝》何永武

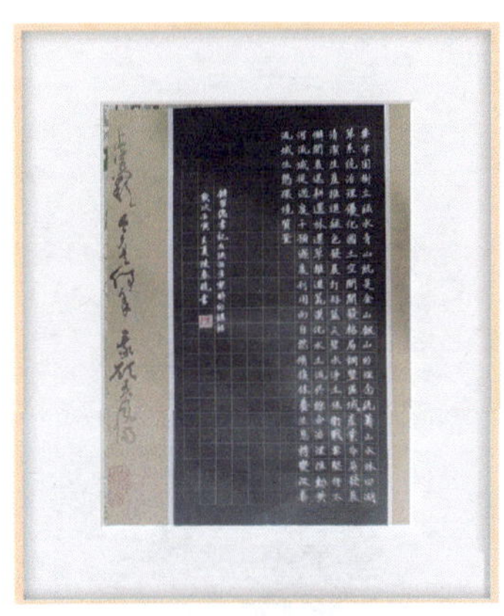

《录习近平总书记在陕西考察的讲话》陈春晓

《静物》陈春晓

《湖山有美　桃李无言》甘媛满

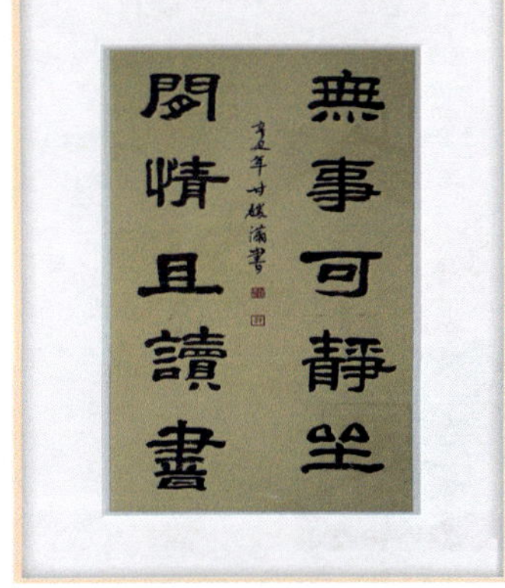

《静坐读书》甘媛满

《晌午》程道彬

《山下人家》程道彬

《乌蒙磅礴走泥丸》黄志炫

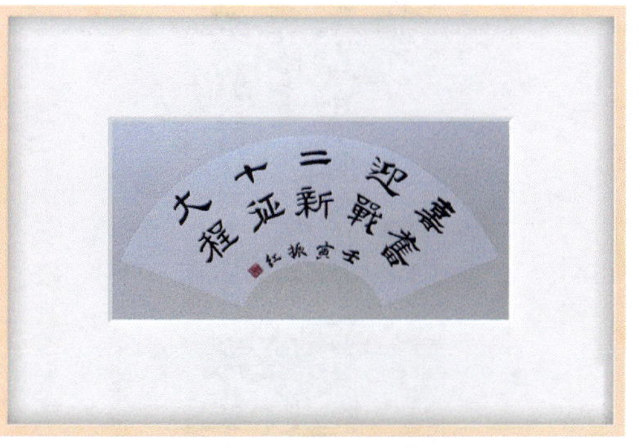

《喜迎二十大》曾振红

《廊桥边》梁妮妮

《拾秋》余小姗

《娃娃》宫雪

《不忘初心　牢记使命》官雪

《山水》雷章高

《喜上枝翘》雷章高

石溪久住思端午舘驛樓前看發機鼙
鼓動時雷隱隱獸頭凌處雪微微衝波突
出人齊譀躍浪爭先鳥退飛向道是龍剛
不信果然奪得錦標歸
唐盧肇競渡詩　辛丑宇斌書

《佳果》叶宇斌

《收获》刘欣欣

《竞渡诗》叶宇斌

惠风和畅

——广东省中小学叶宇斌名教师工作室2022年新春作品网络展

丑牛辞旧岁，寅虎贺新春。值虎年新春佳节，广东省中小学叶宇斌名教师工作室特举办2022年庆新春美术作品网络展，以笔墨讴歌新时代，用画卷赞美新生活，表达美术工作者对艺术的追求，对祖国的祝福，以文艺精品凝聚力量，弘扬中华优秀传统文化，为广东省艺术事业的繁荣昌盛做出贡献。

《雅致》工作室导师房尚昆

《雪中行》工作室导师房尚昆

《溪山云壑图》工作室导师许洪林

《拟宾虹笔意图》工作室导师许洪林

《铁骨·时代记忆》工作室导师钟力为

《春天的故事》曾振红

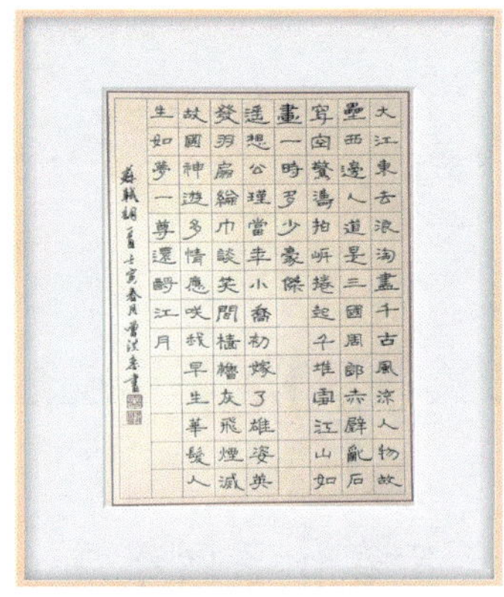

《念奴娇·赤壁怀古》
曾洪銮

《长征组歌（节选）》
曾洪銮

《影韵千秋》工作室导师
吕小绒

《戏里戏外·那些年我们记忆深处的皮影戏之二》
工作室导师吕小绒

《农民自卫军》工作室导师郑宜波

《彭士禄》工作室导师郑宜波

《湖之东方》林瑞棋

《潭西田野风光》林瑞棋

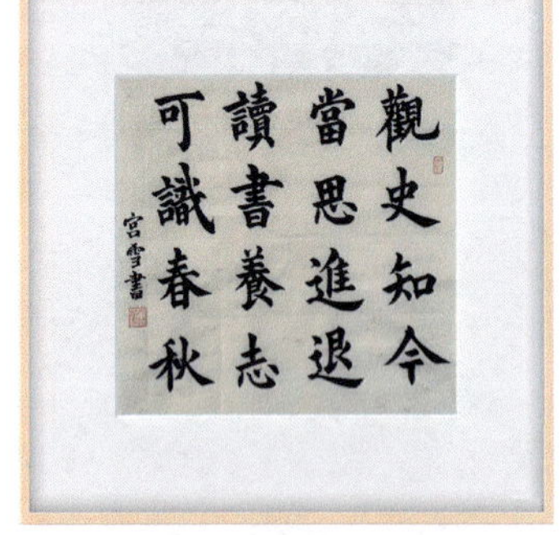

《观史知今》宫雪

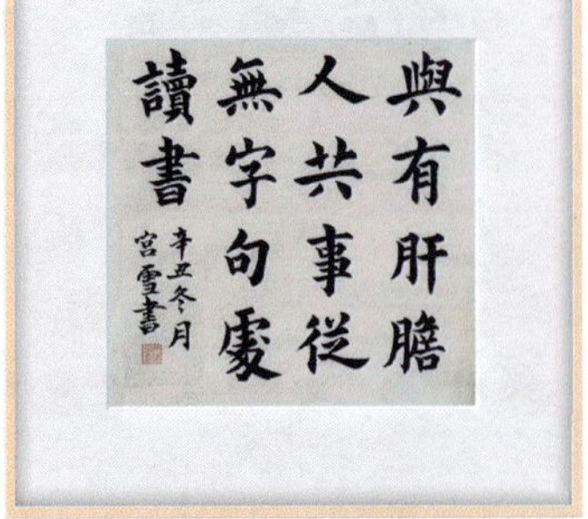

《明德修身》宫雪

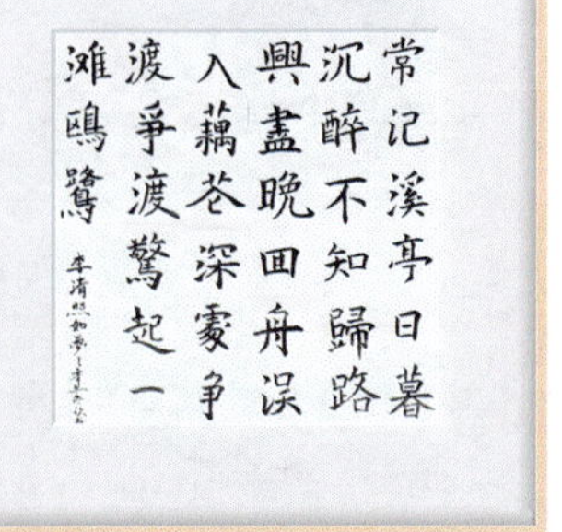

《如梦令》刘欣欣

《山顶》尚松柯

《东篱春色》尚松柯

《四象》徐泽坤

《竹报平安》徐泽坤

《闲暇时光》曾垂法

《新时光》曾垂法

《从容　静观》甘媛满

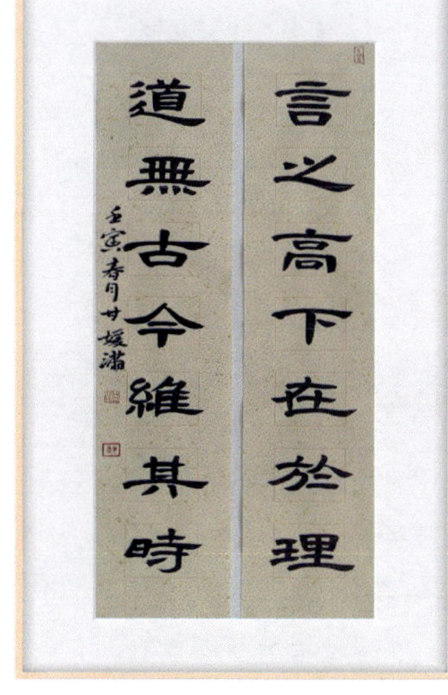

《道通　天地》甘媛满

《对联》郑克波

《鱼》程道彬

《大橘》程道彬

《静物橘子》陈春晓

《爱莲说》陈春晓

《竹园》陈丽红

《乡宁1》翟克

《乡宁2》翟克

《复课》黄志炫

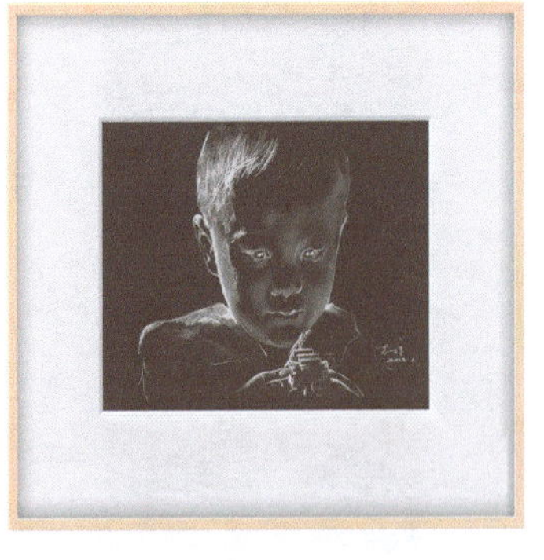
《专注》黄志炫

《塑》李琳

《双语唐诗〈春晓〉》江牡丹

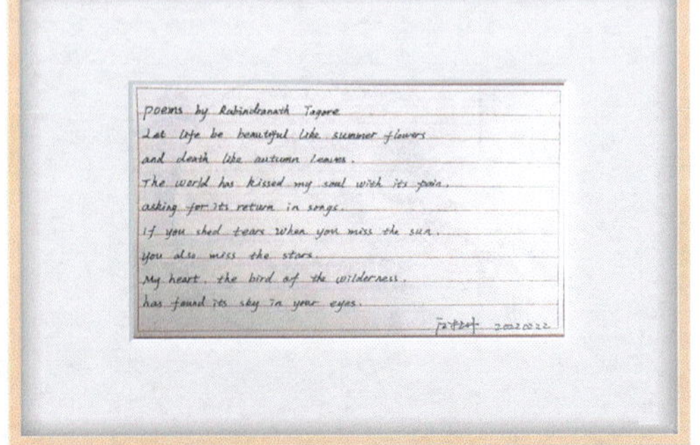

《泰戈尔诗歌节选》江牡丹

《绽放》余小姗

《春意盎然》余小姗

《静坐》雷章高

《咏梅》雷章高

《畅游》吴小丽

《春花烂漫》吴小丽

《凤凰花开》李挺立

《宁静的码头》李挺立

《荷》梁妮妮

《喜上眉梢》梁妮妮

《螺洞小景》欧丽珠

《梅园》欧丽珠

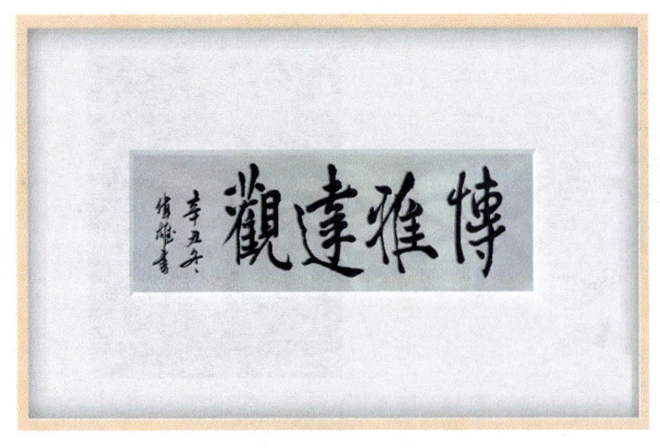

《博雅达观》林伟雄

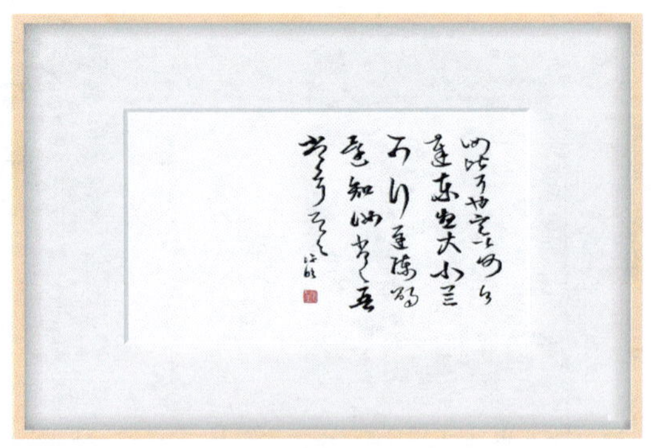

《汝比帖》刘桂深

《路边菜园》罗新计

《梅园清香》罗新计

《花》彭安妮

《趣》吴琼花

《自游自在》吴琼花

《桃园》张素曼

《多维思考》张振洪

《曙光》张振洪

《荷香远溢》郑丽芳

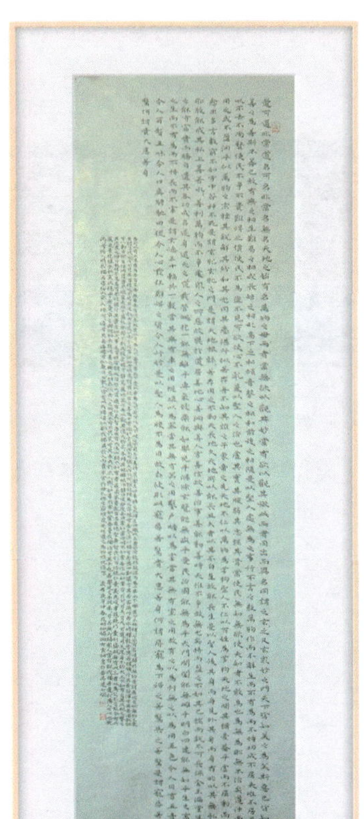

《道德经（节选）》袁珊

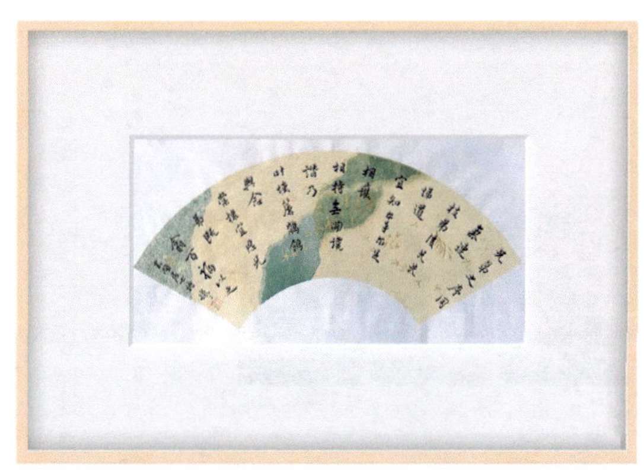

《同气连枝》袁珊

《小品1》方金锋

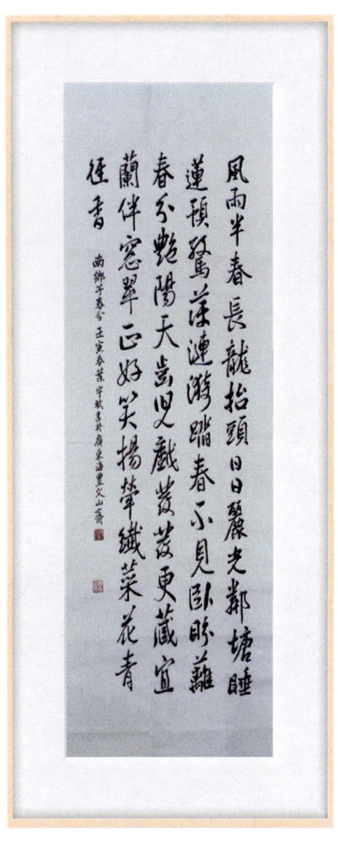

《春之歌1》叶宇斌

《小品2》方金锋

《春分》叶宇斌

《莲——心语3》邹思杰

《大课间——童心有梦》邹思杰

以美育人　艺呼百应

——“希望的田野——百名乡村美术教师优秀作品集”征集活动

2021年是中国共产党成立100周年。为推动乡村美育事业发展，赋能乡村美术教师，让美育浸润童心，深圳市关爱行动公益基金会、深圳市中国慈展会发展中心、深圳市华强公益基金会共同发起艺术乡村联合行动，探索艺术公益赋能乡村文化振兴的创新之路。作为艺术乡村联合行动的开局之作，“希望的田野——百名乡村美术教师优秀作品集”征集活动于5月12日启动。活动面向深圳市对口支援、对口帮扶和东西部协作地区及革命老区全日制中小学的美术教师等，截至7月1日，活动共收到来自全国200余名乡村美术教师的作品。经过三轮评审，由深圳市关山月美术馆馆长陈湘波牵头组成的专家评审团最终评选出了100幅乡村教师优秀作品（含20幅获奖作品）、7幅支教教师优秀作品。广东省中小学叶宇斌名教师工作室主持人叶宇斌老师获得二等奖，工作室老师曾垂法、邹思杰的作品入选百名乡村美术教师优秀作品集。

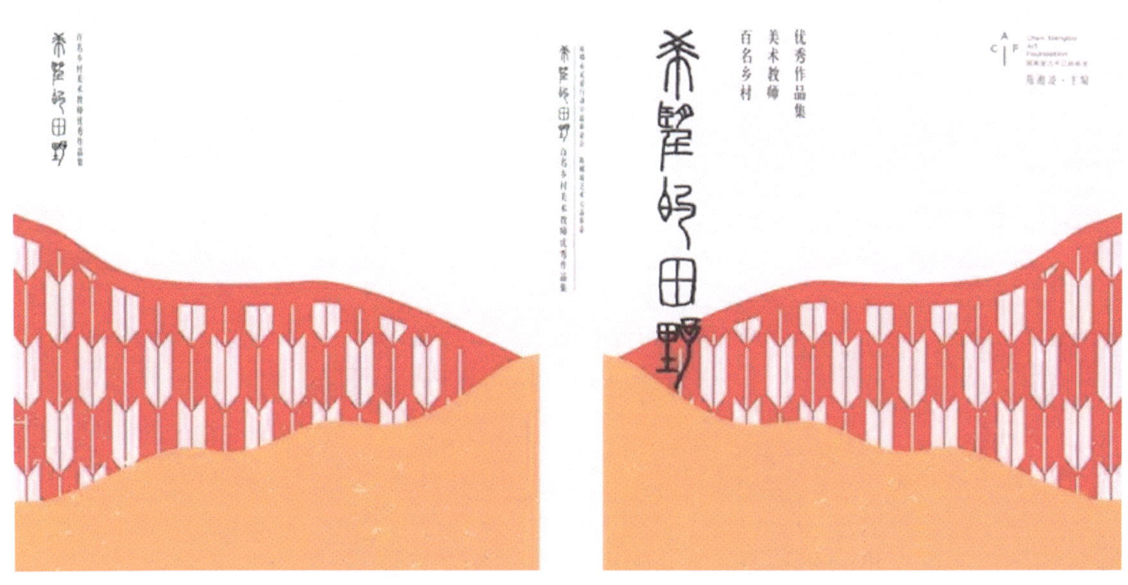

《希望的田野——百名乡村美术教师优秀作品集》封面

叶宇斌水彩作品《晨风吹过渔港》获得二等奖，发表于学习强国
（来源：展览于深圳市关山月美术馆。）

绘海听涛　扬帆起航

——广东省中小学叶宇斌名教师工作室2022年写生创作活动

2022年4月28日，广东省中小学叶宇斌名教师工作室的主持人及成员一行人抵达汕尾市红海湾进行写生创作活动。

写生现场

写生人员集体合影

徐泽坤老师写生作品

陈丽红老师写生作品

尚松柯老师写生作品

吴琼花老师写生作品

宫雪老师写生作品

张振洪老师写生作品

曾洪銮老师写生作品

梁妮妮老师写生作品

程道彬老师写生作品

何永武老师写生作品

甘嫒满老师写生作品

叶宇斌老师写生作品

刘欣欣老师写生作品

林瑞棋老师写生作品

郑克波老师写生作品

雷章高老师写生作品

彭安妮老师写生作品

余小姗老师写生作品

曾振红老师写生作品

郑丽芳老师写生作品

以美育人

——广东省中小学叶宇斌名教师工作室2023年新春作品网络展

喜今朝，玉兔欢跃九州生色；望明岁，金龙奋起万里腾飞。值此2023年新春佳节之际，广东省中小学叶宇斌名教师工作室为庆贺癸卯新春佳节、共享吉祥福气，线上作品展隆重开展。

《在路上1》黄珊珊

《在路上2》黄珊珊

《对联》郑克波

《繁花似锦1》尚松柯

《繁花似锦2》尚松柯

《花1》雷章高

《花2》雷章高

《斑点狗》石琳

《传说》石琳

《赶坳》工作室导师
房尚昆

《民间情节——布小虎》工作室
导师房尚昆

《玉兔迎春》
曾洪銮

《水彩写生1》邹思杰

《水彩写生2》邹思杰

《天清地明》工作室导师钟力为

《国家记忆——北凌绝顶1960年中国首次登顶珠穆朗玛峰》
李樱芳

《乡村振兴之油茶花开》工作室导师
钟力为

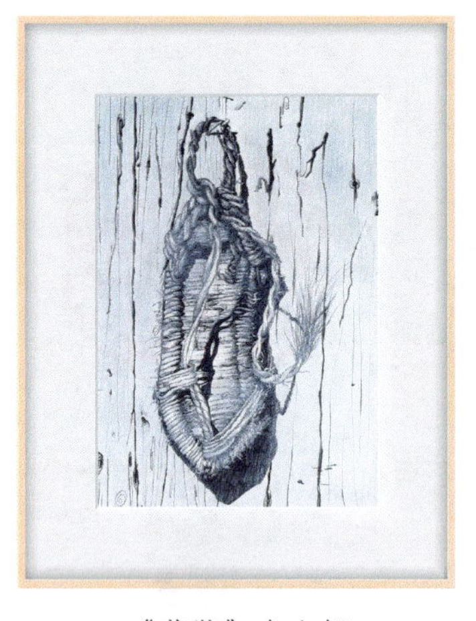
《草鞋》余小姗

《荷》余小姗

《暖阳下》何永武

《荷·趣1》程道彬

《荷·趣2》程道彬

《瑞兔报喜》刘欣欣

《称心如意1》吴琼花

《称心如意2》吴琼花

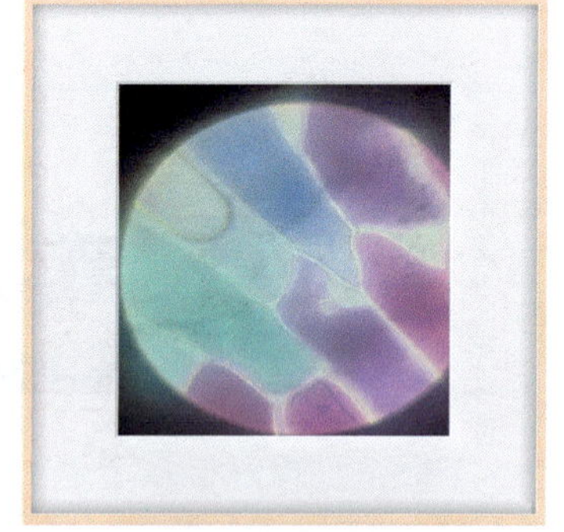
《紫色葱葱》陈丽红

《学校的一角》卓晓岚

《透过森林的那簇光》曾垂法

《午后的蹦蹦床》曾垂法

《山与水1》刘桂深

《山与水2》刘桂深

《书法》袁珊

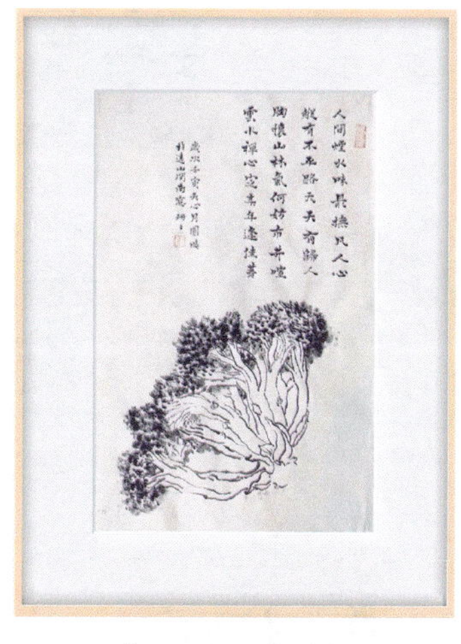

《天心月圆》袁珊

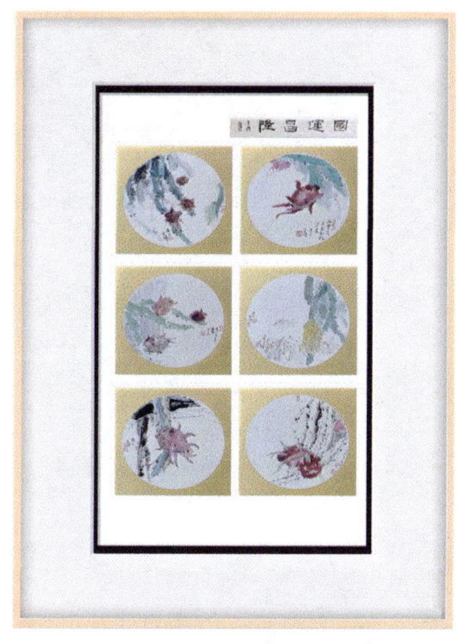

《国运昌隆》方金锋

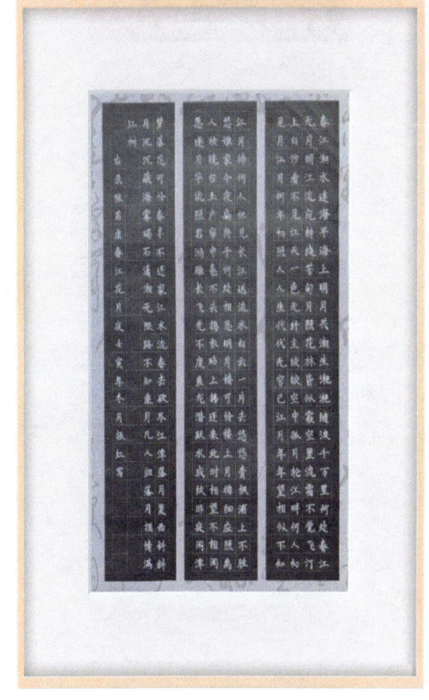

《春江花月夜》曾振红

《岁月无声》曾振红

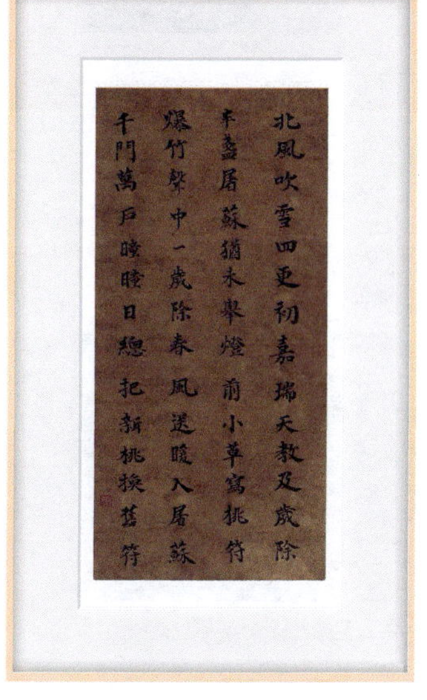

《书法》黄晨

《山水写生1》罗新计

《山水写生2》罗新计

《荷香远溢》郑丽芳

《一盘绿豆芝麻包》林瑞棋

《花系列》张振洪

《荷1》欧丽珠

《荷2》欧丽珠

《无极》徐泽坤

《通往朝面山山间小径》官雪

《玉兔寄相思》官雪

《事事如意》梁妮妮

《金兔报喜》甘媛满

《春晓》梁嘉芸

《午读》梁嘉芸

《晨风吹过渔港之九》叶宇斌

《新春大吉》叶宇斌

第四篇

工作室示范引领

教学相长　联合研修

——汕尾市红海湾区田墘街道中心小学和广东省中小学叶宇斌名教师工作室联合研修活动

2022年4月27日，广东省中小学叶宇斌名教师工作室的主持人及成员一行人抵达汕尾市红海湾区田墘街道中心小学开展联合研修活动。来自全市16个学校的老师带来了17节精彩纷呈的优质课，其中14节美术课，2节科学课，1节精彩讲座。

走进田墘街道中心小学大门，邓致群校长，黄显涛和邓启泼副校长，刘晓君主席，黄展基、郑少华、吴丽君主任，古鸿胤、郑义港副主任等领导和学校老师用最饱满的精神状态迎接我们，让我们感受到了家一般的温暖。

集体合影

上午8点40分，我们在休息室里进行课前的准备工作。9点20分，研修活动正式开始。红海湾区教育局相关领导和各校老师全程参与此次活动。

学员老师到达田墘街道中心小学

（1）陆丰市林启恩纪念中学林瑞棋老师的“团花剪纸”，是一节美术课。林瑞棋老师为四（1）班的学生展示了优秀剪纸作品，对团花剪纸进行赏析，如观察团花剪纸的花纹排列的共同特点——一个基本图形围绕中心点旋转重复多次组成的对称纹样，使学生掌握了团花剪纸的规律和特点，以及装饰手法，理解团花剪纸的含义。在教学中通过折、画、剪、贴的步骤，从三折、四折的折法，画法和剪的过程，引导学生通过折一折、画一画、剪一剪、动一动，进行开发式剪纸学习，培养了学生对团花剪纸的兴趣，也培养了学生的创造力和表现能力。

林瑞棋老师“团花剪纸”

课堂中，老师和学生互动频繁，学生认真听课，勇于探索，在玩中学习，也玩出了“花样”。学生学习了团花剪纸的步骤与方法后，能运用团花的重复构成规律进行创作，创作出了与众不同的团花剪纸。学生通过这个窗口去了解博大精深的中国传统民间剪纸艺术，提高了其精神素养。

（2）海丰县德荣学校的彭安妮老师在四（2）班给我们示范了一节“对称的美”的美术课，让学生了解对称形，感受对称的美，并能用对称形装扮我们的生活。用剪刀剪出对称的图案难度并不是很大，但是要用这种技巧美化生活就需要更高的美术修养。如何巧用对称形为生活服务、美化生活是本课的教学重点。

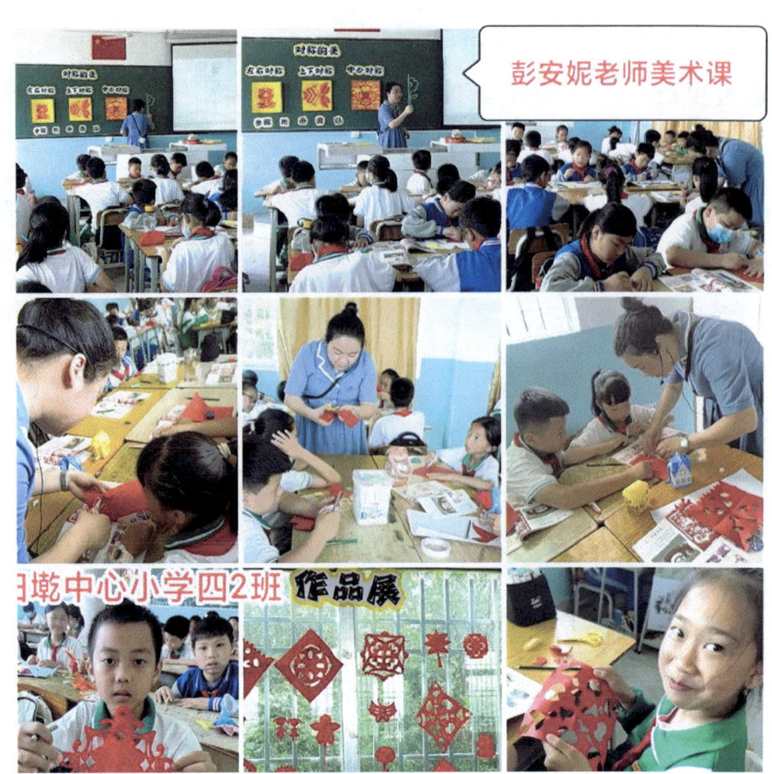

彭安妮老师“对称的美”

在教学开始，彭安妮老师用PPT出示半边的蜻蜓、蝴蝶的图形，让学生找出问题后帮它们找到另一半，并说说为什么能一眼就找到它们的另一半。学生的积极性一下子就被调动起来了，纷纷说出了对称形的特点。接着彭老师让学生看一看在生活当中什么地方是用对称形装饰的，扩大了学生的知识面，也表明了本课的重点。彭安妮老师还利用分组分配任务的方式让学生利用剪对称形的方式美化教室和老师准备好的物品。

（3）海丰县德成中英文学校余小姗老师的“夸张的脸”一课，让学生知道夸张是艺术家进行创作的手段之一。教学过程中，余小姗老师通过夸张脸型、五官，表情创作“夸张的脸”的作品欣赏，引导学生掌握对人物进行夸张的表现形式的同时，和学生研究夸张的绘画方

余小姗老师“夸张的脸”

尚松柯老师“春夏秋冬”

法，并让学生学会夸张的艺术手法，从而提高学生的审美情趣与绘画乐趣。

（4）海丰县附城镇中心小学尚松柯老师的“春夏秋冬”一课通过欣赏、分析，在引导学生感受祖国大好河山的美的基础上，使其认识到不同季节的色彩变化，培养学生观察大自然、热爱大自然的情感。在教师的引导下，对作品进行分析，表达对画面的认识与感受，达到能够了解四季的色彩，让学生从中认识和感受色彩的魅力，并能运用四季不同的颜色进行作画，提高学生对色彩的认识和运用能力。

（5）海丰县实验中学甘媛满老师的“喜、怒、哀、乐”是一堂小学高年级的美术造型表现课。甘媛满老师主要从感受喜、怒、哀、乐的情绪变化和怎么用五官来表现脸部表情这两个知识点来设计。教学过程分“听一听、演一演、探一探、画一画”四个环节来完成，并且教给学生非常有趣的顺口溜：

喜，眉开眼弯嘴上翘；

怒，瞪眼咬牙眉直竖；

哀，眉掉眼垂嘴向下；

乐，眉弯眼弯嘴大开。

甘媛满老师语言清新，善于抓住童真童趣的语言特点来表现，从而吸引学生的注意力，教学条理清晰、主次分明、重点突

甘媛满老师“喜、怒、哀、乐”

出，既让学生感受、体验了喜、怒、哀、乐的情绪变化与表情特征，又从中总结顺口溜加以示范，以从五官变化中来掌握喜、怒、哀、乐的画法。

（6）海丰县南湖小学张振洪老师的“白字戏”，是一节小学高年级美术造型表现课，也是张振洪老师设计的校本教材课程，共6个课时，本课是其中的第3课时。本节课旨在让学生明白白字戏是海陆丰方言演唱的地方剧种，是国家级非物质文化遗产之一，又是海陆丰的骄傲。采用谈话、欣赏图片、视频等方式了解白字戏戏曲头饰结构，用点线面、基本形，通过重复、叠加等方式组合而成，解决本节课的重难点。本节课条理清晰，重难点突出，提升学生热爱家乡文化的人文情感和传承家乡文化的责任感。

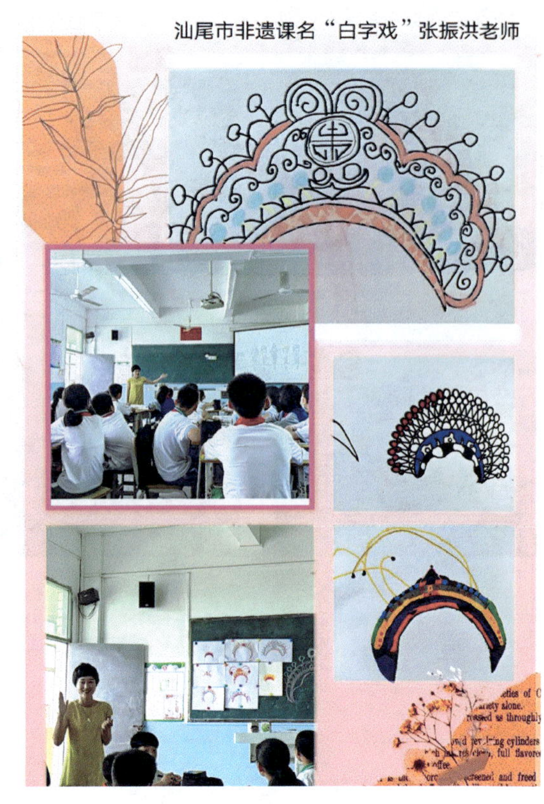

张振洪老师“白字戏”

（7）彭湃中学陈丽红老师为五年级的学生带来了一节科学课——“动物的生长周期”。陈老师通过观察、类比、归纳等方法，看图、看视频等手段，生动有趣的生物学科语言告诉学生：自然界中的动物有很多种，它们身体的外形、结构以及生活习性千差万别，但所有的动物都要经历出生、生长发育、生殖到死亡的全过程，这个过程就是它们的生命周期。陈丽红老师引导学生学习观察人、青蛙、蚕、蝗虫的生长和发育的特点，培养了学生获取和处理信息、自主思考和概括的能力。本节课使学生认识到动物生命周期的特点及意义，了解环境变化对动物寿命的影响，增强保护环境的意识，关注生物的生存环境，珍爱生命！生动有趣的科学课让学生获得“科学的了解”，激发了学生学习科学的兴趣，也让学生对生命有了敬畏之情。

陈丽红老师“动物的生长周期”

（8）陆丰市湖东中学郑丽芳老师的“人体比例”一课，通过动画片导入，深深吸引了学生的眼球，引导学生得出比例方面的答案来进入本课主题，并以中国自古就有“立七坐五盘三半”“臂三腿四”之说开展教学。教学过程中以学生为主体，通过多媒体演示、欣赏、测量、比较、临摹、写生与教师示范相结合，创造性参与活动的综合形式，指导学生在参与测量实验活动中获得人体结构与比例的知识，从欣赏中获得美的感受，从临摹写生中锻炼人物速写能力，体现以学生为主体、教师为主导。学生在课堂中积极地思考问题，热烈地回答问题，对人体比例表现出浓厚的学习兴趣。在多技术支持下的课堂讲授，有效达到学习目标，同时激发学生学习的兴趣。

郑丽芳老师“人体比例”

（9）海丰县海城镇中心小学的刘欣欣老师上的课是“我画的动漫形象”，属于四年级下册“造型·表现”学习领域。可爱的动漫形象渗透了具象的造型知识，培养了学生的创新精神，丰富了学生的美好童年回忆。在这节课中，刘老师深入浅出地给学生介绍了几种不同表现形式的动漫形象，联系生活原型与动漫形象，告诉学生动漫形象源于现实生活，并通过文字和示范讲述动漫形象的造型手法，引导学生大胆绘制简单的动漫形象。在刘老师的教导下，学生们都能通过自己的想象绘制出他们心目中的动漫形象。

刘欣欣老师“我画的动漫形象”

程道彬老师“认识凡·高”

（10）陆丰市东海中学程道彬老师上的课是“认识凡·高”。她用一张向日葵照片导入，提问学生，引出凡·高的油画作品《向日葵》，把向日葵生命之花、太阳之花的概念传达给学生，紧接着播放凡·高穿越到现代的短视频（法国奥赛美术馆馆长对凡·高的高度评价），同时提问为什么对凡·高有如此高的评价呢？引起孩子们的好奇心。PPT展示凡·高的《自画像》《罗纳河上的星夜》等作品，让孩子们进一步认识凡·高，并揭示之前的疑问，接着从伦勃朗的油画作品、凡·高的《自画像》《罗纳河上的星夜》等分析凡·高之所以能够成功，是因为他很勤奋，善于学习，乐于学习。接下来程老师示范了向日葵的画法：用线条、用色点、用色块。然后让孩子们分小组到黑板上体验一下“凡·高”，自己创作一幅《向日葵》。学生在绘画的时候，老师全程巡堂，不停地发现下面画得好的同学，不遗余力地表扬孩子们，鼓励他们只要敢于画出来就是赢！激励学生大胆、自信地表现自己。程老师这节课课堂氛围好，学生互动频繁，当学生害怕画不好时，她积极鼓励孩子们可以往“丑”里画，让孩子们放下顾忌，尽情地享受画画的乐趣！

宫雪老师“剪纸”

（11）海丰县实验中学宫雪老师上的课是“剪纸（中国民间美术）”，剪纸是中国的民间艺术，源远流长，复杂且寓意深刻，具有传承性。宫老师化繁为简，整堂课虽然没有华丽的语言和趣味活动，但是流程清晰，一个环节和一个环节之间的过渡自然，层层递进。宫老师准备了大量的剪纸图片制作课件，课上细心呈现，教学目的明确，紧紧抓住孩子的视线，在提问上，用简洁明了的语言引导孩子自我发现，自我实践，充分体现了以学生为主的课堂。宫老师以最简单的方式向孩子阐述剪纸的内容，以扎实的基本功带领孩子畅游剪纸艺术的世界，实为朴素、自然、饱满的一堂好课。

（12）海丰县彭湃中学徐泽坤老师所上课的内容是“科幻画”，通过欣赏图片，加深学生对人类生存的一些危机的了解，增强他们的环保意识。让学生针对自己关注的问题，大胆提出设想，从而培养和激发学生进行科幻画创作的兴趣，以此培养学生学科学、爱科学、用科学的兴趣，提高学生科学的创新能力。可以看出，徐老师进行了精心的安排和设计，本着“教为主导，学为主体”的教学思想，发展学生的想象力，提高学生的创造力。从课堂教学来看，通过多媒体图片教学，让学生意识到人类生存的一些危机，共同思考如何把现实中存在的问题解决，用画笔大胆地进行创作，让学生感受生活中带来的艺术联想。

徐泽坤老师“科幻画”

（13）华侨管理区华侨中学梁妮妮所上课的内容是“扎染”，扎染是一种古老的纺织染色工艺，是中国特有的传统手染印工艺，属于民间印染的一种。妮妮老师用非常亲和的一面，用最简单的语言向学生演示了扎染步骤。方法一：将织物连续交替正、反折叠，或将织物按经向或纬向方向握拢，用绳子分段扎紧染色后，可得到条形连续花纹。方法二：将织物对折，再对折，以折点为顶点，在其下部用线绳扎紧，染色后可得到放射花纹或菱形花纹。方法三：将织物展开，任取一中心点，用右手拇指、食指、中指握拢起来，然后用左手在右手下方握拢织物，放开右手，取线绳在中心点下方捆绑，染色后可得到放射状圆形花纹。整堂课学生人人参与、个个动手尝试，通过开展活动，学生能够拓展

梁妮妮老师“扎染”

和加深对中国民间艺术的初步认识和体验，亲近具有浓厚民间气息的扎染，感受蜡染、扎染艺术的神秘及其历史与文化。

（14）海丰县海丰中学曾振红老师上课的内容是“我国古代建筑艺术”。曾老师带领学生通过观看视频、图片，初步了解我国古代建筑的类别和特点。从大型古代建筑群——北京故宫导入，到汕尾本土的古代建筑的认识、欣赏，加深了学生对古代建筑的理解。本课重点对我国古代建筑的外观进行分析、欣赏，通过将学生分组的方式带动学习的氛围，别出心裁地利用刮画的形式将我国古代建筑的特点表现出来，巩固所授知识。最后展示作品阶段，请学生谈谈自己的看法，在轻松的氛围中完成了对我国古代建筑艺术知识的传授，提高了学生对我国古代建筑的认识理解。

课名：“我国古代建筑艺术”

曾振红老师“我国古代建筑艺术”

（15）华中师范大学海丰附属学校雷章高老师上课的内容是“神奇的装饰柱”，本课内容属于“造型·表现”领域。通过欣赏世界各地的装饰柱图片，学生了解各种柱子的装饰，学生对柱子装饰产生兴趣，进而研究柱子的形态、结构、寓意及柱子上的装饰。教学中，雷老师先让学生观看世界各地装饰柱的图片，并为孩子们详细讲解了华表的造型特点与寓意，比如华表上的瑞兽、云板、龙纹，让学生感受浓浓的历史文化。在讲解印第安人装饰柱时，让学生明白装饰柱上的天神雷鸟是采用了夸张和概括的艺术处理手法。对于“和谐阙”，则让学生从色彩方面感受，醒目的中国红和鲜明的中国元素浮雕凸显浓郁的民族特色，从而激发学生的学习兴趣。雷老师将重点放在装饰柱的组成与制作上，示范加引导，让学生采用合作的方式，从构思到制作充分发挥想象力，启发

雷章高老师“神奇的装饰柱”

学生在设计中举一反三，注重柱身的设计及色彩的协调。学生利用彩笔、各种色彩的卡纸等容易准备的材料，在设计制作中体现出自己的创意，课堂气氛十分活跃。

（16）海丰县彭湃中学何永武老师带来的课程是“二氧化碳”，这是一堂具有趣味性的化学实验课，何老师利用身边最贴近大家生活的实例与同学们玩起了化学小实验，通过闻味道，让学生辨别不同化学物质添加在一起产生的化学反应。化学作为一门自然科学，基于实验的基础上来研究物质和物质的组成及结构。何老师不单单要教给学生课本上的知识，更重要的是培养学生的动手操作能力和实验探究能力，提高学生的思考能力，让实验贯穿生活，提高学生对化学的兴趣。

何永武老师“二氧化碳”

（17）主持人海丰县彭湃中学叶宇斌老师带来了一场精彩的“地方民间美术教学”讲座，他以思路明晰、细致入微的讲座引领教师，强调优秀的教师要脚踏实地地搞好教研活动，分享了很多他日常的工作做法。作为老师要大胆尝试，跟上时代，勇于争先；教师要发展，就必须秉承终身学习的理念，要发挥教师的主导作用；“学高为师，身正为范”，教师必须不断提高自己的专业化素质、努力发挥主导作用，教育教学工作需要不断地研究和改进；教师除了必须具备从事教育教学所需要的基本能力外，还需具备深入研究和反思的能力。

叶宇斌老师“地方民间美术教学”

最后，邓致群校长做了热情洋溢的讲话，省名师工作室举行了证书颁发仪式和赠书仪式，活动圆满结束。

集体合影

田墘街道中心小学的跑操特色

省名师工作室主持人为汕头市（潮阳区、濠江区）骨干教师做专题讲座

2022年8月15日，主持人叶宇斌老师受邀参加广东省教育厅主办、广东第二师范学院承办的2022年广东省粤东西北地区中小学教师全员轮训活动，给汕头市（潮阳区、濠江区）的骨干教师带来的专题讲座是“以美育人　深度教研”。

叶宇斌老师做专题讲座

叶老师从多个角度列举了自己教学生涯中的真实案例，例如：多种寻找合适材料的方法（网购或者大自然的石头、竹子等）；一点点优化自己的教学环境，创设条件展出学生的作品；充分利用微信群、博客、公众号来分享和记录自己工作的心得体会，不断地充实和绽放自己的梦想。

叶老师今天的讲座对农村学校美术发展有实质性的指导意义，因为叶老师自身就是农村一线美术老师，他用他的实践总结出了农村学校如何在办学条件严重不足的情况下，把美育有效地落到实处，条件不足就利用现有资源创造条件。美术老师要懂得利用地方传统文化把美术课上出独创性，做出校本特色，鼓励农村美术教师大胆尝试，在教改大趋势下，先实践先得益。

讲座过程中，叶老师给大家布置了现场作业——“家乡传统文化我来绘”，要求就地取材，用上课做笔记的笔来描绘自己感兴趣的地方文化题材。学员们神思飞驰，认真创作，用不同的表现手法创作出一幅幅有关潮汕非遗的作品。最终完成的作业得到了叶老师的充分肯定。

本节讲座对我们来说是一次很好的体验交流，叶老师就是我们学习的榜样。

专题讲座现场

学员课堂作业

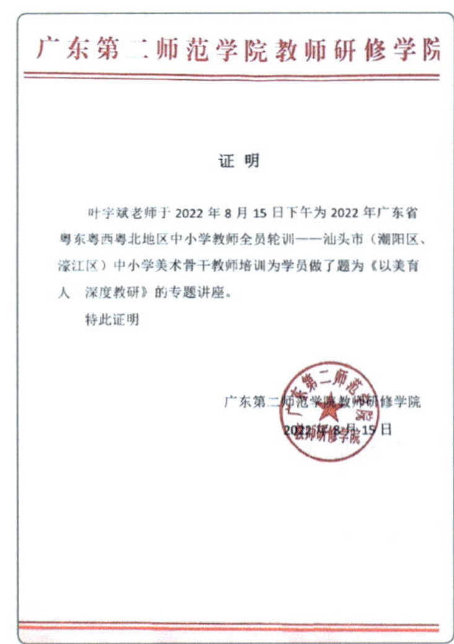

广东第二师范学院教师研修学院

证 明

叶宇斌老师于 2022 年 8 月 15 日下午为 2022 年广东省粤东粤西粤北地区中小学教师全员轮训——汕头市（潮阳区、濠江区）中小学美术骨干教师培训为学员做了题为《以美育人 深度教研》的专题讲座。

特此证明

广东第二师范学院教师研修学院

2022 年 8 月 15 日

相关证明

叶宇斌老师获得广东省教育教学成果奖

在各地各校积极申报的基础上，经推荐、评议、公示、省教育厅审定，其中特等奖报请省政府同意，共评选出2021年广东省教育教学成果奖495项，其中职业教育类特等奖15项，一等奖50项，二等奖100项。获奖单位和个人要珍惜荣誉，再接再厉，继续完善和创新获奖成果，加强获奖成果的推广、交流和应用，在教育教学改革、研究和实践中再创佳绩。全省广大教育工作者要坚持以习近平新时代中国特色社会主义思想为指导，牢记为党育人、为国育才使命，全面贯彻党的教育方针，落实立德树人根本任务，遵循学生身心发展和教育教学规律。在教育教学中充分发挥示范引领作用，进一步加大教育教学研究和改革力度，力争取得更多具有示范带动作用和推广价值的高水平教育教学成果，努力推动教育教学质量和水平实现新的提升，为办好人民满意的教育、建设广东省高水平人才高地做出新的更大贡献。

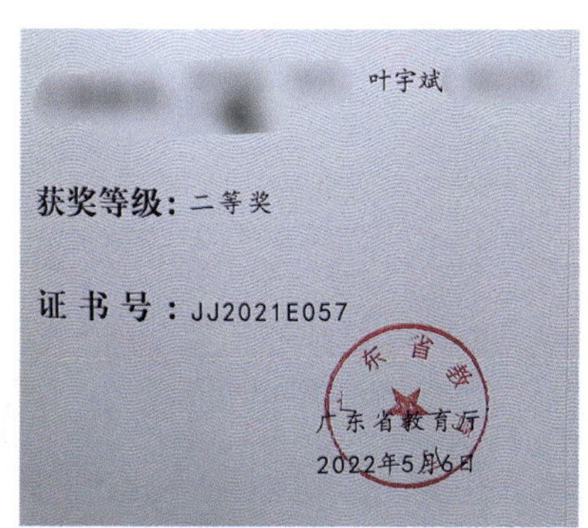

叶宇斌

获奖等级：二等奖

证书号：JJ2021E057

广东省教育厅

2022年5月6日

主持人叶宇斌老师获得广东省教育教学成果奖二等奖

工作室老师通过职称评审

2021年度广东省中小学正高级教师职称评审通过人员名单公布，主持人叶宇斌老师通过正高级教师职称评审（证书见下图）。工作室学员（成员、助手）郑丽芳、徐泽坤、江牡丹、林辽畅、杨育文老师通过高级教师职称评审。

广东省职称证书

姓　　名：叶宇斌

身份证号：[illegible]

职称名称：中小学正高级

专　　业：高中美术

级　　别：正高

取得方式：职称评审

通过时间：2022年08月16日

评审组织：广东省中小学正高级教师职称评审委员会

证书编号：[illegible]

发证单位：广东省人力资源社会保障厅

发证时间：2022年11月11日

广东省职称证书专用章

查询网址：http://www.gdhrss.gov.cn/gdweb/zyjsrc

叶宇斌老师通过正高级教师职称评审

工作室老师具备过硬的思想政治素质和高尚的师德素养，在教育教学和教书育人方面业绩突出，能力卓越；在教育思想、课程改革、教学方法研究和推广等方面发挥了示范和引领作用；在指导培养本地本学科教师方面做出了突出贡献，在本地本学科领域有较高的声望和影响力。

《广东省中小学、幼儿园教师、校（园）长分层分类培训课程指南（美术学科）》编写

教育大计，教师为本，“兴国必先强师”，是我国社会发展和教育强国的基本战略。

我国已先后多次就中小学教师队伍建设出台了一系列指导意见或专业标准，包括中小学教师国家级培训计划、《教师教育课程标准（试行）》、《中学教师专业标准（试行）》、《教师教育振兴行动计划（2018—2022年）》和《中小学幼儿园教师培训课程指导标准》等。尤其是2018年1月20日正式颁发的《中共中央 国务院关于全面深化新时代教师队伍建设改革的意见》（以下简称《意见》），更是就我国新时代教师队伍建设进行了顶层设计，足见国家对师资建设的高度重视。

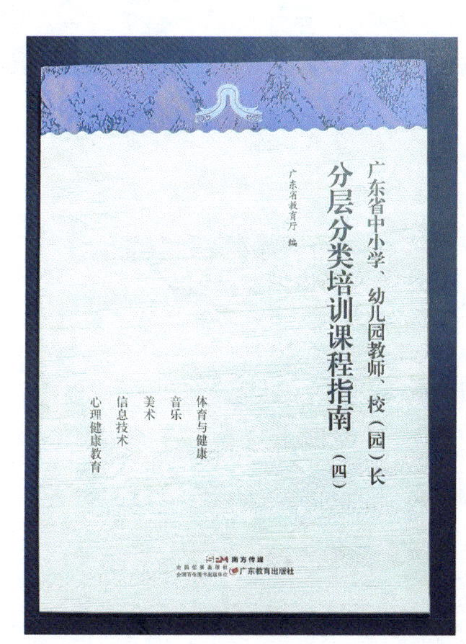

《广东省中小学、幼儿园教师、校（园）长分层分类培训课程指南（美术学科）》

《意见》特别强调要组织开展好中小学教师全员培训，促进教师终身学习和专业发展。一是要转变培训方式，推动信息技术与教师培训的有机融合，实行线上线下相结合的混合式研修。二是改进培训内容，紧密结合教育教学一线实际，组织高质量培训，使教师静心钻研教学，切实提升教学水平。三是要推行培训自主选学，实行培训学分管理，建立培训学分银行，搭建教师培训与学历教育衔接的“立交桥”。四是建立健全地方教师发展机构和专业培训者队伍，依托现有资源，结合各地实际，逐步推进县级教师发展机构建设与改革，实现培训、教研、电教、科研部门有机整合。五是继续实施教师国培计划和鼓励教师海外研修访学。

为配合中共中央国务院关于新时代教师队伍建设的精神和广东省建设教育强省的要求，特制定《广东省中小学、幼儿园教师、校（园）长分层分类培训课程指南（美术学科）》（以下简称《课程指南》）。

广东省中小学名教师工作室主持人叶宇斌参与编写《课程指南》（课题编写个人排名第三），由广东省教育厅、广东教育出版社出版。

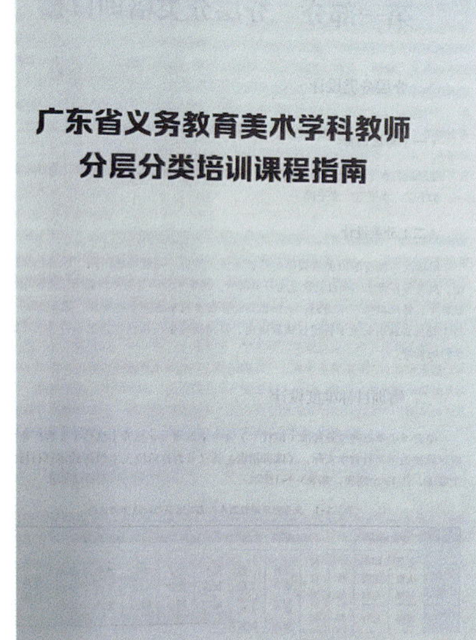

广东省义务教育美术学科教师分层分类培训课程指南

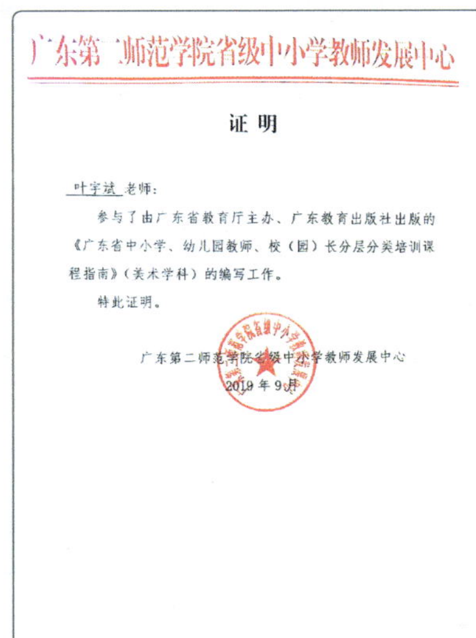

广东第二师范学院省级中小学教师发展中心

证 明

叶宇斌 老师：

参与了由广东省教育厅主办、广东教育出版社出版的《广东省中小学、幼儿园教师、校（园）长分层分类培训课程指南》（美术学科）的编写工作。

特此证明。

广东第二师范学院省级中小学教师发展中心

2019年9月

（2）体现教师专业成长规律。本课程指南从教师的职业发展阶段实际出发，根据教师任职时长和发展需求，递进式设计培训内容，从而强化培训内容的针对性和系统性，促进教师的专业发展。

（3）体现广东特色。课程指南依据教育部培训课程标准的基本内容，结合广东省本土实践与地方需求，设计体现广东特色的培训课程，正视珠三角地区与粤东、粤西、粤北地区教师素质和能力的发展差异，在培训目标、分层分类和课程设置方面突出可操作性。

（4）体现学科特点。本课程指南充分考虑学科之间的差异，以教师能力建设为重点，强调促进教师练就过硬的学科核心素养，培养学科教师的关键能力、必备品格和正确的价值观。

课程指南研制不易，因此我们期望得到大家的广泛关注和应用。我们相信，本课程指南至少有以下几方面用途：第一，可作为培训院校、培训机构同行设计教师培训项目、培训课程的依据；第二，中小学、幼儿园开展校本培训、加强教师队伍建设等工作，可以参考本指南，并将其作为教师个人设计专业发展规划时的参考；第三，培训研究者可以将本指南作为案例或素材，分析和探讨教师培训课程的理论问题和设计方法问题，从而改进课程设计，促进教师、校（园）长能力持续提升。

课程指南的研制与完善，汇聚了众多学科（领域）专家以及百余位编写者的智慧与力量。参与编写的专家组成员有：于慧、读心、左岚、贾汇亮、韩迎春、熊焰、胡继飞、高家方、高洁、吴慧坚、卢小根、李梓明、张争胜、邹立波、邢强、张秀莲、高慎英、蒋友梅、叶平枝、唐志文、桑志军、黄牧航、张细谦、张学波、纪俊娟、王时路。其他参与编写的教师有：李进成、陈燕、杨雪娇、禹飙、李俊兴、柯中明、张弯、郭鲲鹏、梁泉宝、刘厚仰、陈俊成、张云平、罗越媚、张树锋、陈祈、王慧、房丽敏、吴仉蓉、何彪、张耀佳、谭诗清、刘欢、袁春艳、黄范倾、赖燕英、刘承恺、叶宇斌、林影萍、邝艳姬、赵海滨、陈静安、商庆平、王栋昌、刘燕、曾玮、徐焰华、何亚琼、刘娟、吴小敏、陈佩凤、龙翠闪、孙媛媛、郑卫中、梁燕霏、周广星、黄映茹、付隐文、刘百里、陆哲毅、区桂兰、易俊如、胡婧、张竹青、肖彩燕、赖奕均、尹伟、张玉彬、刘平、余新明、陈康英、毕进杰、仲亚伟、曹姣、裴玲云、邓若锋、刘军、徐元治、范宣、龙丽嫦、陈茂贤、黄美仪、曹丹、陈锦波、周丽萍、曹雪丽、黄秉刚、刘琦、任叶泳、姜滥媛、邱怡、何芳（排名不分先后）。在此向所有参与编写的专家组成员，以及关心和支持编写工作的各界人士表示衷心的感谢！

风劲帆满图新志，砥砺奋进正当时。本丛书的出版，是广东省中小学、幼儿园教师、校（园）长分层分类培训课程指南研制工作的阶段性成果。进程虽振奋、硕果亦累累，但由于教师培训工作不断发展，我国中小学教师队伍建设方面一系列指导意见或专

在广东第二师范学院集体编写《课程指南》

2022年度广东省美育浸润行动计划现场会

2023年4月11日，由广东省教育厅主办，顺德职业技术学院、阳江市教育局承办的2022年度广东省美育浸润行动计划现场会在海陵岛举行。来自省内各高校、各地教育局分管美育的领导，以及对口支持地市的相关负责同志、校长和教师代表等共同参会。

阳江平章小学

会议围绕“加强优质教育帮扶，促进美育均衡发展”主题，进行了美育浸润行动计划工作研讨交流，工作现场展演、观摩，并就2022年度工作进行了总结，部署了2023年全省美育浸润行动计划相关工作。实施广东省美育浸润行动计划是广东省深入学习贯彻党的“二十大”和全国教育大会精神，落实《关于全面加强和改进新时代学校美育工作的意见》《教育部办公厅关于开展体育美育浸润行动计划的通知》要求，充分发挥高校人才资源优势，推进乡村教育振兴，促进美育优质均衡发展的重要举措。

学生才艺表演

2023年4月11日，省名师工作室主持人、正高级教师叶宇斌作为全省美育浸润行动计划唯一一位教师代表上台发言。叶老师全面回顾并向与会嘉宾介绍美育浸润行动计划工作、广州大学与汕尾市教育局三年多来的美育浸润工作，并受到广东省教育厅领导亲切会见。

叶宇斌老师作为教师代表上台发言

叶宇斌老师与广东省教育厅相关领导合影

广东省中小学叶宇斌名教师工作室在“名师荐名著”活动中获三等奖

广东省中小学叶宇斌名教师工作室通过多次的教学教研准备，参加广东省新一轮（2021—2023年）中小学（含特殊教育）名教师工作室“名师荐名著”活动并获得了三等奖。

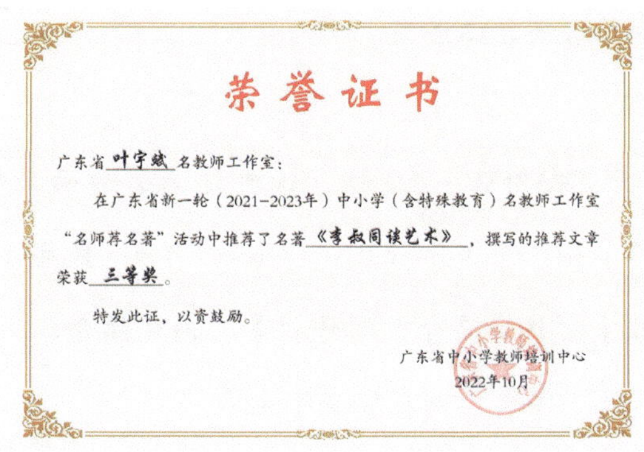

荣誉证书

广东省叶宇斌名教师工作室：

在广东省新一轮（2021-2023年）中小学（含特殊教育）名教师工作室“名师荐名著”活动中推荐了名著《李叔同谈艺术》，撰写的推荐文章荣获三等奖。

特发此证，以资鼓励。

广东省中小学教师培训中心

2022年10月

附：

关于开展广东省新一轮（2021—2023年）中小学（含特殊教育）名教师工作室“名师荐名著”活动的通知

各新一轮（2021—2023年）中小学（含特殊教育）名教师工作室：

为深入贯彻落实《中共中央 国务院关于全面深化新时代教师队伍建设改革的意见》《中共广东省委 广东省人民政府关于全面深化新时代教师队伍建设改革的实施意见》《广东省人民政府关于印发广东省推动基础教育高质量发展行动方案的通知》和《广东省中小学名教师、名校（园）长、名班主任工作室的管理办法》要求，加快推进新一轮（2021—2023年）中小学（含特殊教育）名教师工作室内涵建设，增强工作室的影响力和辐射力，提升名教师工作室主持人的示范引领能力，广东省中小学教师培训中心拟组织新一轮（2021—2023年）中小学（含特殊教育）名教师工作室“名师荐名著”活动。现就有关事项通知如下：

一、活动主题

悦读·粤精彩——广东省中小学名教师工作室“名师荐名著”活动

二、目标定位

工作室主持人组织导师、顾问、入室学员及网络学员等开展名著研读活动。聚焦一本对主持人具有重要影响的教育名著，主持人和专家带领团队成员深入研究名著的思想内涵，提高工作室及其成员的理论水平。通过系列活动，使工作室团队成员养成专业阅读的好习惯，把工作室建设成为更加紧密的学习共同体。

三、活动形式

通过线上线下相结合、个人自主阅读和集体研读相结合的方式，以工作室为单位组织开展教育名著推荐、个人精读、集体研读、名著研讨沙龙、名著分享会等活动。

四、活动组织

（一）时间安排

2022年1—4月，各省名师工作室组织开展“名师荐名著”活动。通过系列活动，最终于4月10日前提交一份教育名著导读作为活动最终成果。

（二）成果要求

1. 教育名著导读要求：提交一份Word文档，须包括名著封面、作者（译者）、书名、出版地、出版社、版次、出版时间［如：（美）杜威（Dewey，J.）. 民主主义与教育［M］. 王承绪译. 北京：人民教育出版社，1990.］、作者简介、写作背景、内容简介、主要思想、经典语录、社会影响、推荐理由等内容，形式不限，字数控制在3000字左右。

2. 成果提交要求：于2022年4月10日前提交至省师培中心指定邮箱。

（三）择优遴选

经各名师工作室自主参与，省级中小学教师培训中心于2022年4月底组织专家对提交的名著导读进行评审，专家组根据评审原则和要求择优推荐入围优秀作品，并编入《名师荐名著》这本著作。优秀成果由“广东名师工作室联盟”和“广东省中小学教师培训中心”等公众号和报刊媒体推送宣传。

（四）其他要求

1. 原则上所有省级名师工作室须参与“名师荐名著”活动；

2. 各省级名师工作室要认真、扎实开展名著荐读、研读、研讨及分享会等活动，提交的教育名著导读需认真琢磨、反复修改，充分发挥工作室的团队力量；

3. 凡提交成果者视为自愿参与本活动，遵守并认同本通知的各项要求；

4. 成果一经提交，视为作者自愿授权本中心出版及网络合作媒体进行电子版信息传递和宣传；

5. 成果须在规定时间内提交，过期将不采用，且成果提交者保证该成果为原创作品并且不涉及侵权或泄密问题，如有侵权和泄密问题，一切责任由成果提交者承担。

广东省中小学叶宇斌名教师工作室“名师心中的名师”作品在省中心活动评比中获三等奖

广东省中小学叶宇斌名教师工作室通过多次的教学教研准备，参加广东省新一轮（2021—2023年）中小学（含特殊教育）名教师工作室“名师心中的名师”活动并获得了三等奖。

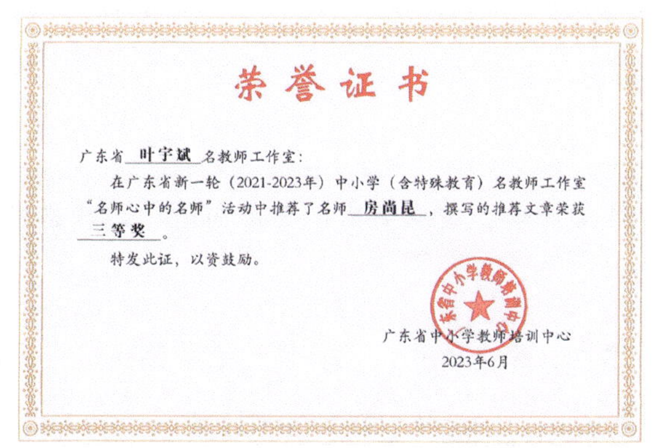

荣誉证书

广东省 叶宇斌 名教师工作室：

在广东省新一轮（2021-2023年）中小学（含特殊教育）名教师工作室“名师心中的名师”活动中推荐了名师 房尚昆 ，撰写的推荐文章荣获 三等奖 。

特发此证，以资鼓励。

广东省中小学教师培训中心

2023年6月

广东省中小学教师培训中心

粤师培〔2023〕6号

关于公布广东省新一轮（2021-2023年）中小学（含特殊教育）名教师工作室“名师心中的名师”活动获奖名单的通知

各新一轮（2021-2023年）中小学（含特教）名教师工作室：

根据《关于开展广东省新一轮（2021-2023年）中小学（含特教）名教师工作室“名师心中的名师”活动的通知》，经工作室报名、推荐及专家评审等程序确定，现将广东省新一轮（2021-2023年）中小学（含特殊教育）名教师工作室“名师心中的名师”活动获奖名单予以公布（具体名单见附件）。

附件：广东省新一轮（2021-2023年）中小学（含特殊教育）名教师工作室“名师心中的名师”活动获奖名单

广东省中小学教师培训中心

2023年6月21日

附：

关于开展广东省新一轮（2021—2023年）中小学（含特殊教育）

名教师工作室“名师心中的名师”活动的通知

各新一轮（2021—2023年）中小学（含特殊教育）名教师工作室：

为深入贯彻落实《中共中央 国务院关于全面深化新时代教师队伍建设改革的意见》《中共广东省委 广东省人民政府关于全面深化新时代教师队伍建设改革的实施意见》《广东省人民政府关于印发广东省推动基础教育高质量发展行动方案的通知》和《广东省中小学名教师、名校（园）长、名班主任工作室的管理办法》要求，加快推进新一轮（2021—2023年）中小学（含特殊教育）名教师工作室内涵建设，增强工作室的影响力和辐射力，提升名教师工作室主持人的示范引领能力，广东省中小学教师培训中心拟组织新一轮（2021—2023年）中小学（含特殊教育）名教师工作室“名师心中的名师”活动。现就有关事项通知如下：

一、活动主题

悦分享·粤精彩——广东省中小学名教师工作室“名师心中的名师”活动

二、目标定位

聚焦一位对主持人具有重要影响的教育家，主持人、顾问和导师带领团队成员深入研究这位教育家的教育教学思想，领略教育家的思想魅力和个人风采，激发团队成员努力成为教育家型的教师。

三、活动形式

通过线上线下相结合、个人自主学习和集体研讨交流相结合的方式，以工作室为单位组织开展×××教育家教育教学思想学术研讨会、著作阅读分享会和教育家型教师成长路径沙龙等活动。

四、活动组织

广东省中小学教师培训中心

五、时间安排

2022年2—5月，各省名师工作室自行组织开展“名师心中的名师”系列活动，深入研究一位教育家，领悟名师的成长路径，践行名师的教育思想。通过系列活动，最终于5月10日前提交一份教育家概况的PPT和一份文字介绍材料作为活动最终成果。

六、成果要求

1. 教育家概况的PPT要求：紧扣主题、结构清晰、重点突出、画面简洁、内容充实，PPT页数控制在8—15页。

2. 教育家文字材料要求：包括教育家的照片、生平简介、代表作、荣誉奖项、突出成就、教育思想、教育故事、对主持人本人教育教学的影响等，字数控制在3000字左右。

第五篇

学生作品

2022年海丰县彭湃中学高一学生摄影作品

摄影是一件奇妙的事情，小镜头里有大世界，摄影也是一件平凡的事情，人人都能参与其中。每个人镜头里的故事都不一样，所以也可以说这是一个“人生小剧场”，小小一方天地展现了人间百态。学习摄影技能，让生活更美好！

【第1期】

1. 高一（3）班作品

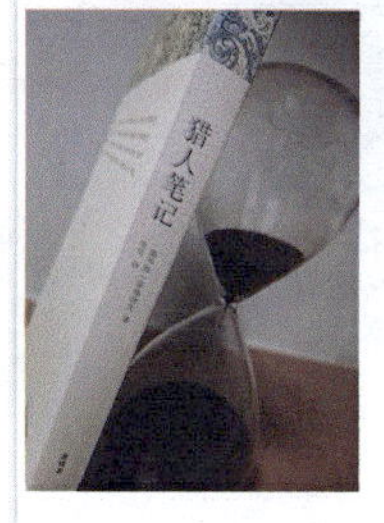

2. 高一（4）班作品

3. 高一（5）班作品

《莲花山》
高一五班
刘暮璇

<<猫的眼>>
高一五班 陈思彤

蓝
高一（5）班蔡炜琳

4. 高一（7）班作品

《乡野和黄昏》
高一7班曾智鸿

树与光
高一（7）班
程雅婷

今でもあなたは私の光
鸡鸣寺
高一7班

城 / 市 / 声 / 音
《朝暮之景》
高一(7)班
刘诗盈

thank you :)
彭晓倩
高一七班

国庆快乐
HOLIDAY
高一七班
林焕斌

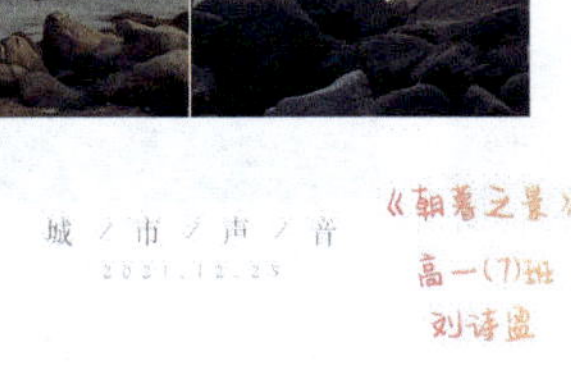

5. 高一（8）班作品

6. 高一（11）班作品

7. 高一（12）班作品

一览众山小

SUNNY

春意盎然 花开如期

FLOWERS

色 光

2021
12.23
陈凯莉
高一（12）班

8. 高一（13）班作品

9. 高一（14）班作品

【第2期】

1. 高一（1）班作品

波澜壮阔
BEAUTIFUL
高一1班陈嘉伟
海城朦胧
发展中
汕尾
清晨的工作者
起早贪黑，
日复一日
海月
HAVE A NICE DAY
35
200-8 KODAK
時間
高一一班
十月轨迹
巷陌深
橘色的云

2. 高一（2）班作品

那年
盛夏

The cold sea
Feel the blue sea in winter
Although it is very cold in winter
I still want to see the sea with you

校与光
高一2班

向
往
All the little things are happening in an orderly way.

May you meet a loved one/give you a city of joy.
高一二班
谢伟国

Nice Day
AS YOU WISH
青葱盛夏
HAVE A NICE DAY
TAKE ME AWAY, BEFORE THE SUN GOES DOWN
高一二班

I WANT TO BE HAPPY EVERY DAY
高一（2）班
《校园霞光》
TODAY IS A BEAUTIFUL DAY

晚霞
高一(2)班

戴琮霖
凌晨四点的广州
VCR

猫
高一2班
庄漫滢

3. 高一（6）班作品

《浪里岩》 高一六班 钟俊熙

《借一束光》
高一六班 林继壕

4. 高一（9）班作品

高一(9)班 曾淑君 《冬天的生命》

拍摄地点
鲘门

名称《夕阳》
拍摄者 高一九班苏晓迎

5. 高一（10）班作品

6. 高一（15）班作品

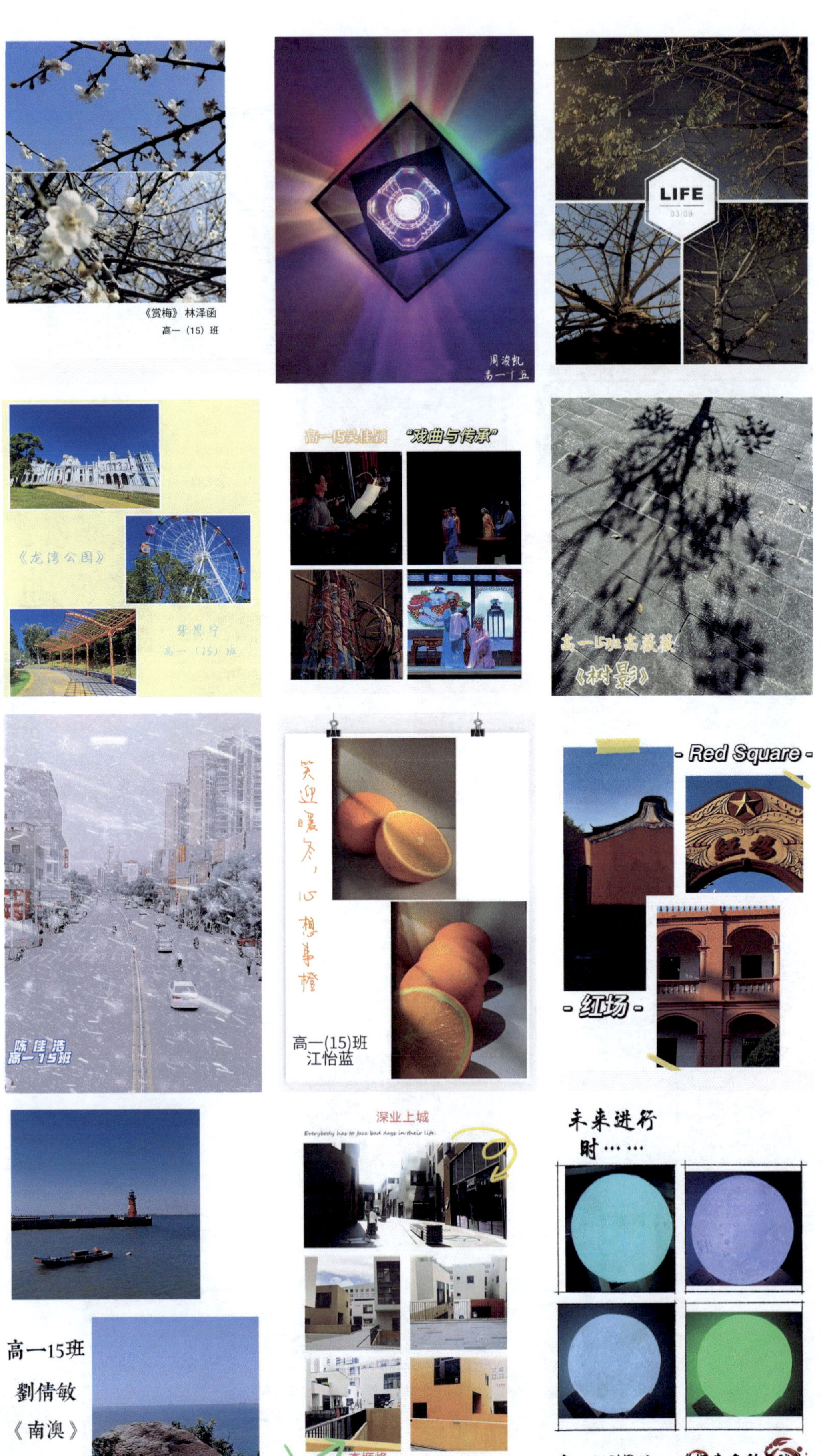
《赏梅》林泽函
高一（15）班
LIFE
03/09
《龙湾公园》
高一15吴佳颖
"戏曲与传承"
《树影》
陈佳浩
高一15班
笑迎暖冬，心想事橙
高一(15)班
江怡蓝
- Red Square -
- 红场 -
高一15班
劉倩敏
《南澳》
深业上城
Everybody has to face bad days in their life.
李源烽
高一（15）
Try to Remember the Good Things
未来进行时……
高一15刘思欣
《探索多彩月球》

7. 高一（20）班作品

王伟涛
高一20班

郑绮青
高一20
浪漫 不渝

夕阳西下，海在等你
xi yang xi xia，hai zai deng ni
高一二十班

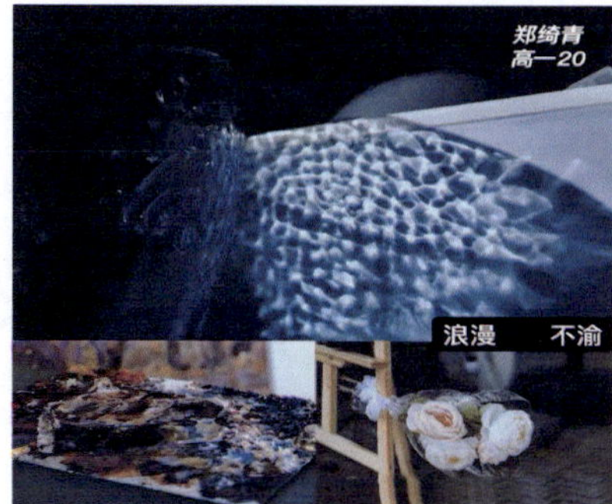

2022年海丰县彭湃中学高一学生硬笔书法作品

“横竖撇捺有乾坤，一点一画成文章。”为了传承和发扬中国书法文化，彭湃中学以书法课为基础，引导每个学生的书法兴趣，让学生在写字中感悟做人的道理，端端正正写字，规规矩矩做人！本期展示部分优秀学生的硬笔书法作品，愿彭中学子执少年之笔，胸怀文化自信，书写最美的中国汉字，让翰墨之香满溢校园！

高一（3）班　唐诺儿

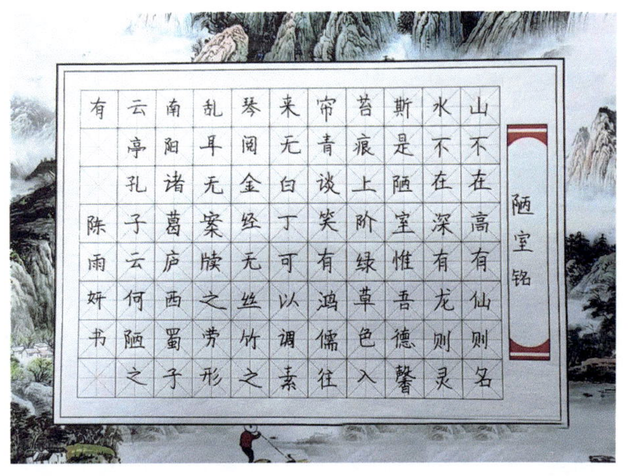

高一（6）班　陈雨妍

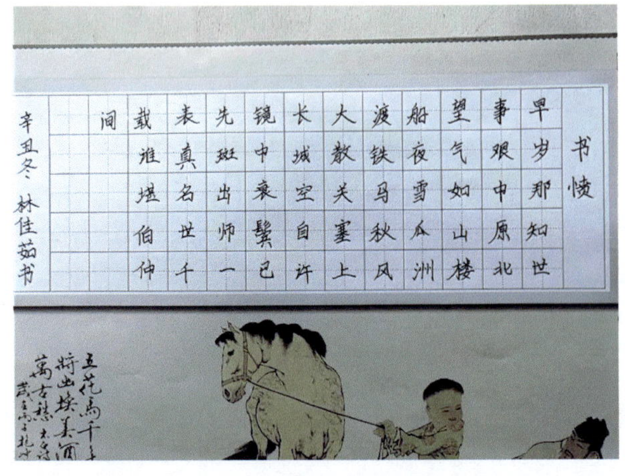

高一（14）班　林佳茹

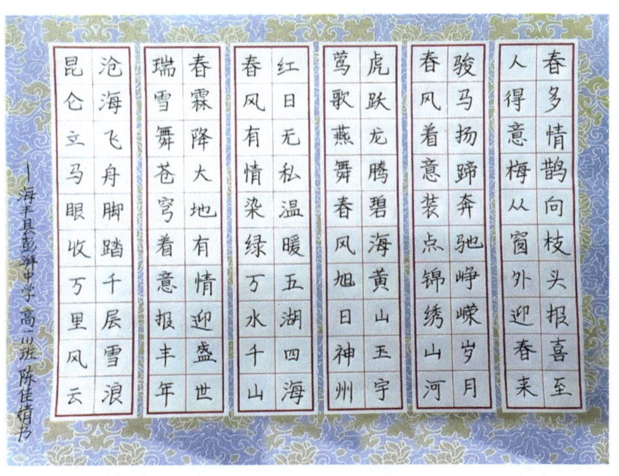

高一（1）班　陈佳婧

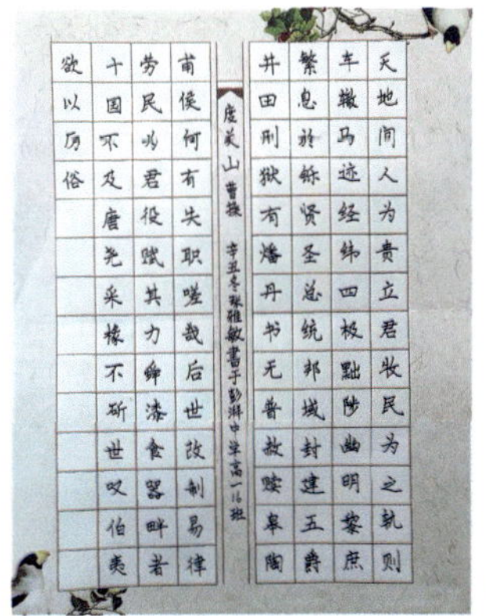

高一（16）班　张雅敏

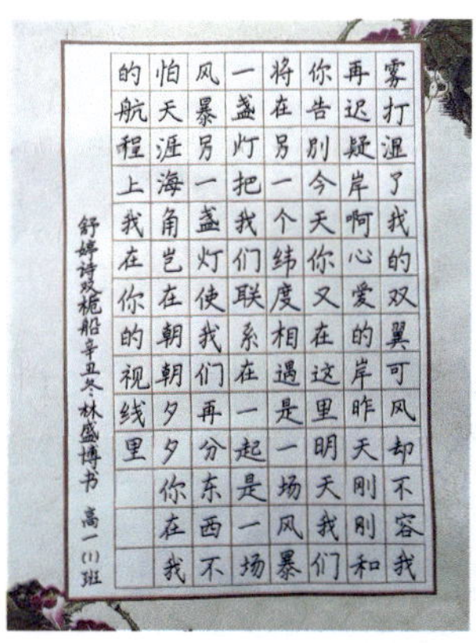

高一（1）班　林盛博

高一（1）班　杨思仪

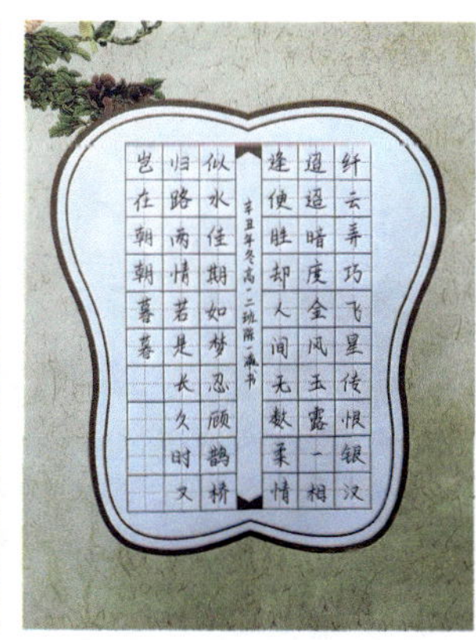

高一（2）班　陈一瀛

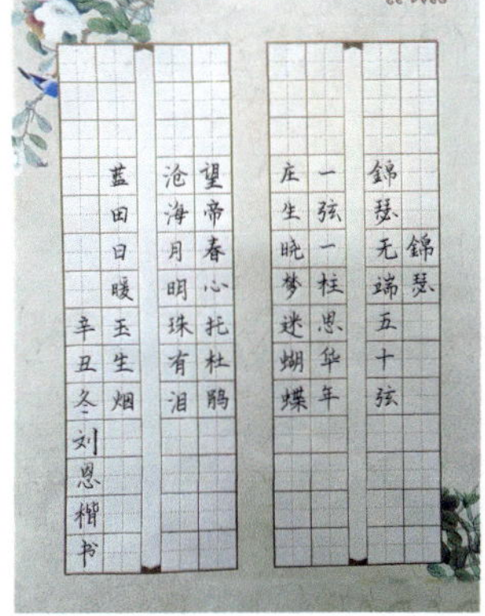

高一（3）班　刘恩楷

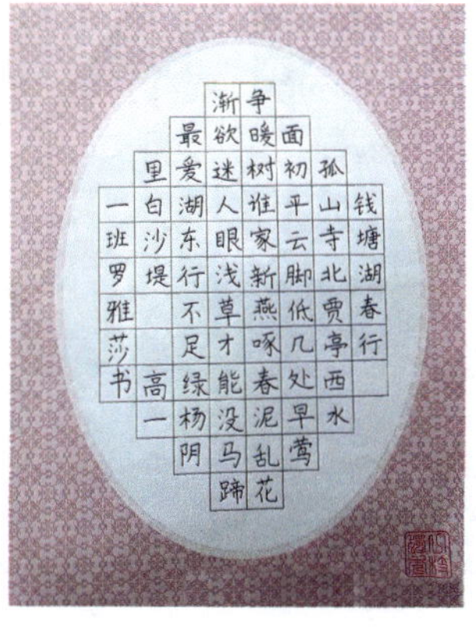

高一（1）班　罗雅莎

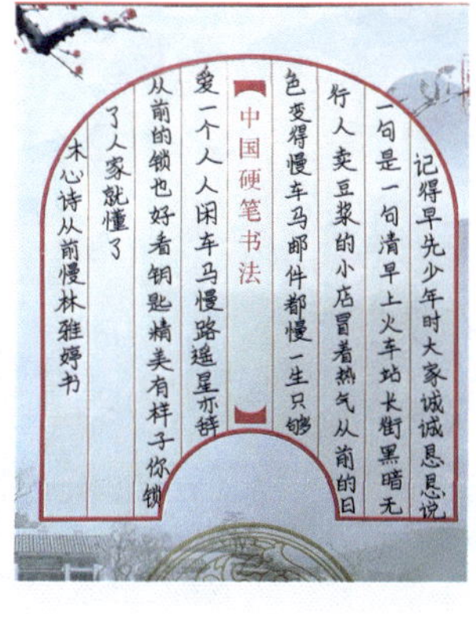

高一（5）班　林雅婷

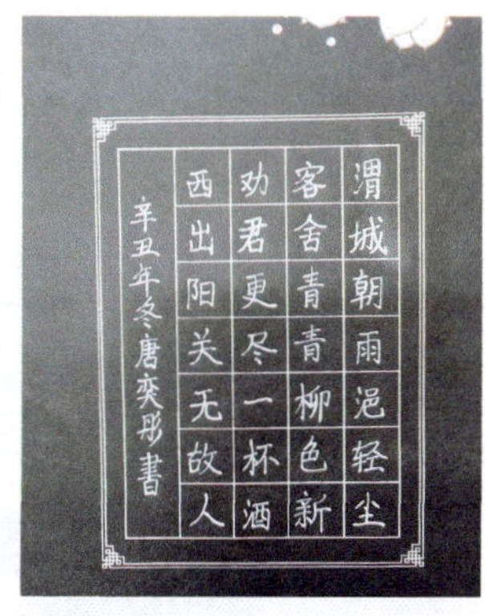

高一（7）班　唐奕彤

高一（13）班　江怡蓝

高一（10）班　钟佳滩

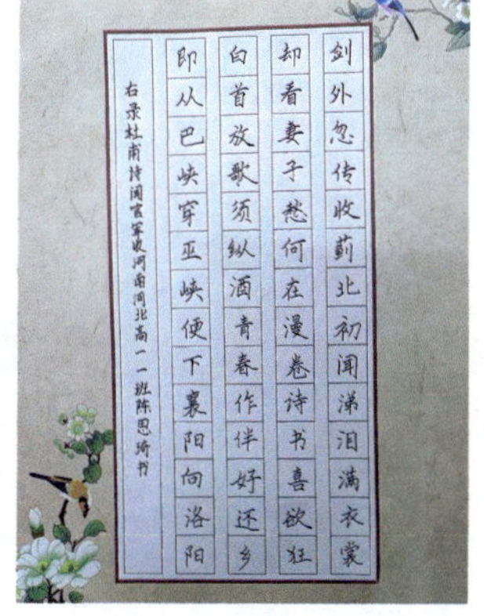

高一（1）班　陈思琦

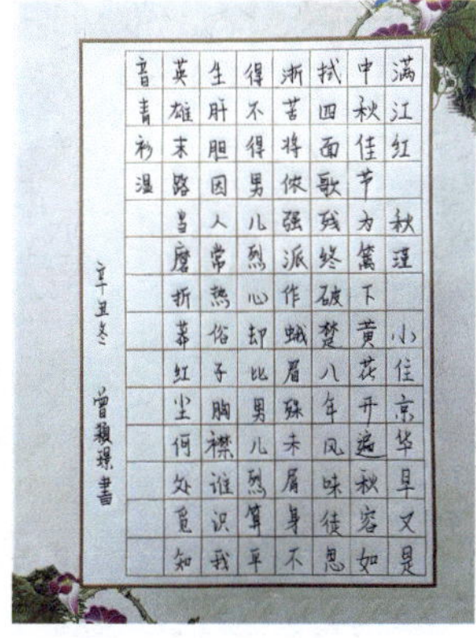

高一（8）班　曾颖璟

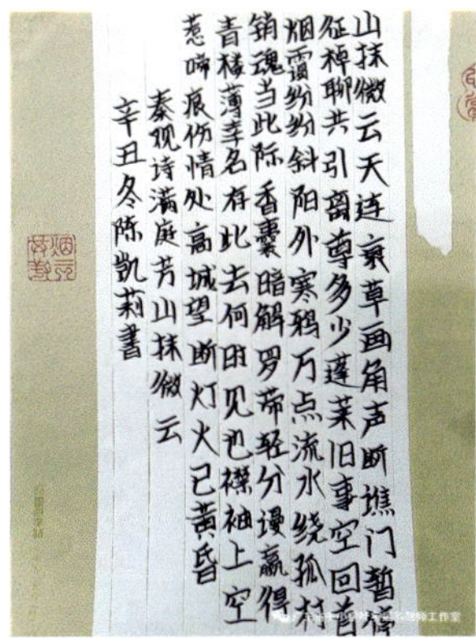

高一（16）班　陈凯莉

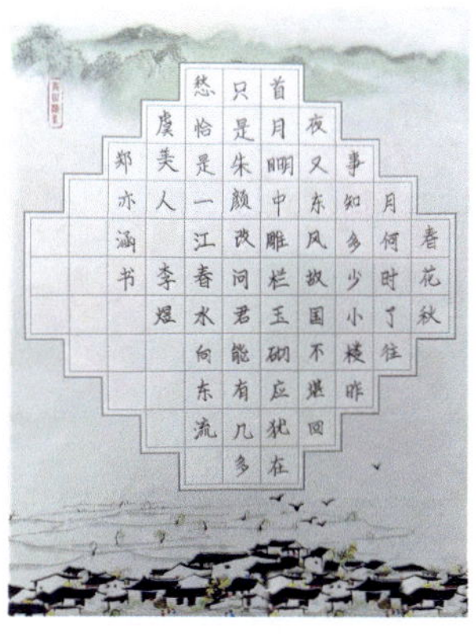

高一（6）班　郑亦涵

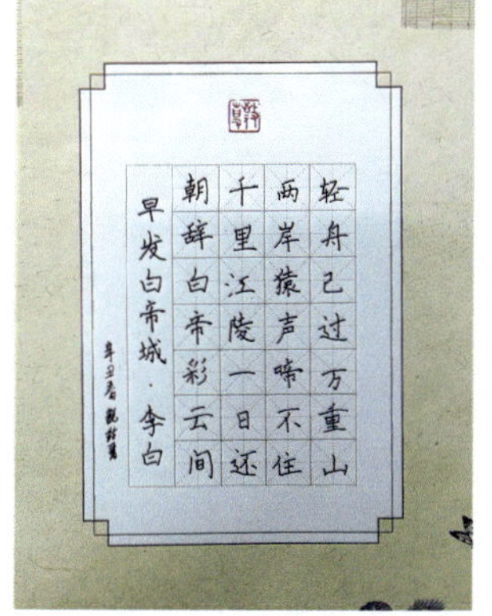

高一（7）班　锐铃

高一（12）班　罗中萌

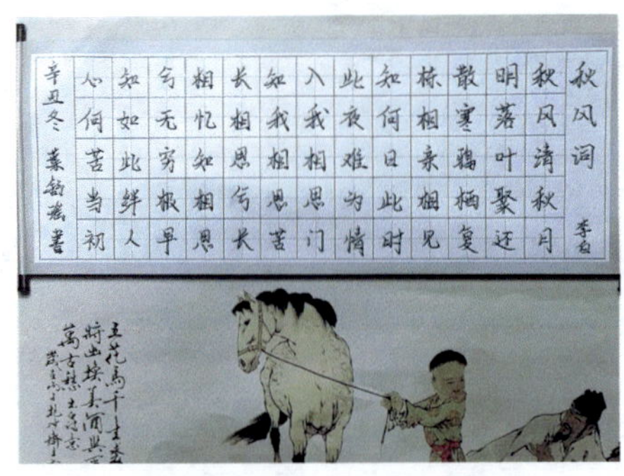

高一（5）班　叶舒瑶

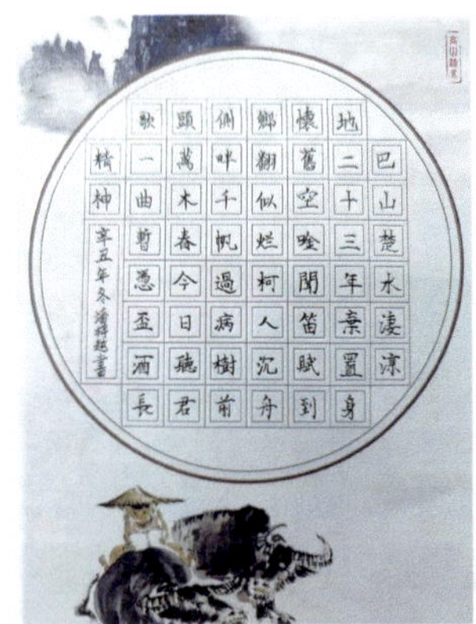

高一（2）班　潘梓越

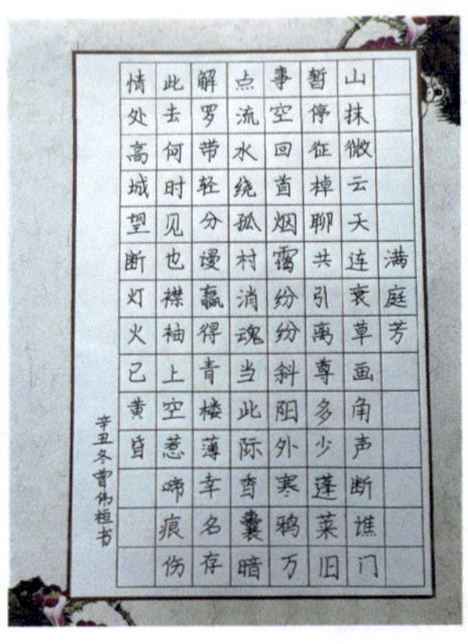

高一（4）班　曾伟桓

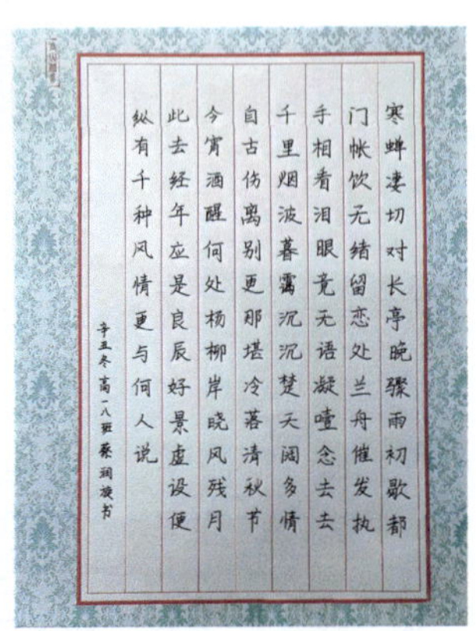

高一（8）班　蔡润璇

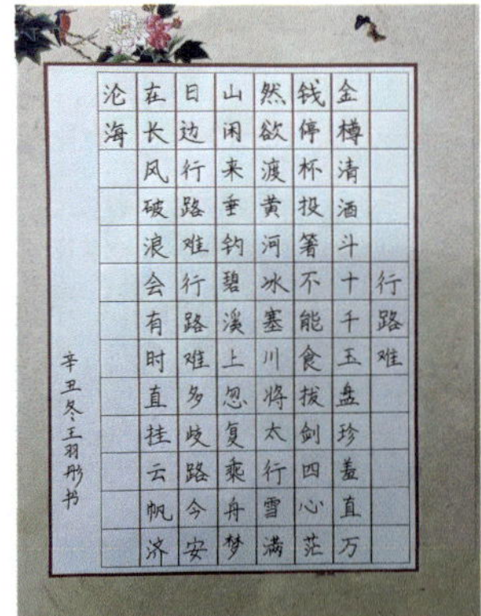

高一（3）班　王羽彤

高一（4）班　马跃

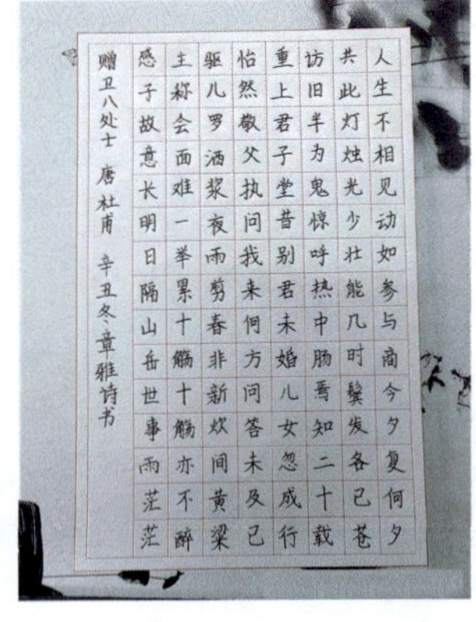

高一（12）班　章雅诗

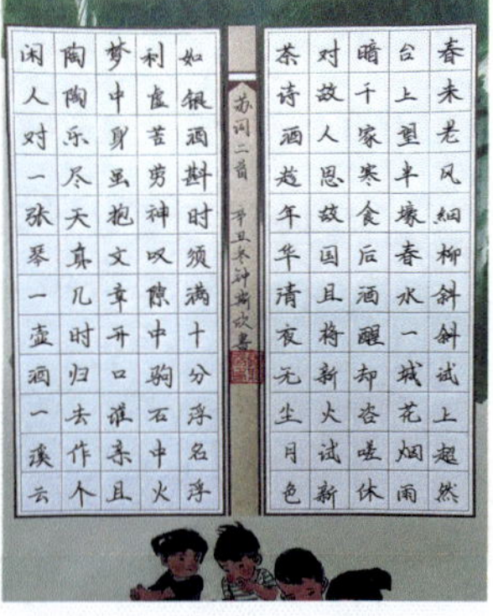

高一（8）班　钟斯欣

海丰县彭湃中学学生盘画和勺画作品

汕尾市是“中国民间文化艺术之乡”，历史悠久、人文荟萃，通过历史长期的磨合，形成了既有中原、越瓯和闽南文化，又有海洋文化的多元文化特征。汕尾人民在创造物质文明的同时，努力继承、发展优秀的传统文化和群众喜闻乐见、耳熟能详的传统民间艺术，积淀了深厚的文化底蕴，创造了种类繁多、丰富多彩、极具地方特色的民间艺术。久演不衰的“正字戏”“白字戏”“西秦戏”“皮影戏”四个古老稀有剧种被誉为“活化石”；有距今700多年的“南万象歌”以及古老的“英歌舞”“龙舞”“麒麟舞”“百兽舞”等。目前，列入汕尾市级非物质文化遗产代表性项目名录的有民间工艺、音乐、舞蹈、戏曲、习俗、岁时节令、民间信仰等几大类共58项，其中28个项目入选省级非遗代表名录、9个项目入选国家级非遗代表名录。基于汕尾文化艺术特色，海丰县彭湃中学在课堂内外美术教学时，深度进行地方民间美术特色教学实践，产生了大量地方民间美术特色教学作品，多名老师和学生获得了省以上奖项。

高二（12）班　陈长青　　高二（11）班　杨晓璞　　高二（16）班　朱江

高二（12）班　吴雅琪　　八（1）班　梁雅慧　　高二（18）班　黄臻言

高二（19）班　林岂葳　　高二（15）班　吕倩倩　　高二（17）班　卓智欣

高二（12）班　陈金燕　　高二（16）班　黄佳宁　　高二（16）班　陈舒晴

高二（22）班　唐诺儿　　七（2）班　刘艳娜　　高二（13）班　陈敏浠

高二（11）班　曾雅彬　　高二（20）班　陈恒源　　高二（19）班　吕文鸿

高二（8）班　黄佳恩　　高二（22）班　吴思昕　　高二（8）班　江怡萱

高二（4）班　叶朝荣　　高二（15）班　陈思琦　　高二（8）班　黎宇涵

高二（1）班　王晓纯　　高二（13）班　吴俊亮　　高二（4）班　林晓彤

高二（17）班　林真逢　　高二（20）班　朱凯婷　　高二（8）班　郑书怡

高二（16）班　陈侣蓉　　高二（21）班　何忆桐　　高二（20）班　黄思泳

高一（7）班　刘伊岚　　高一（10）班　谢韵思　　高二（20）班　江蓝

高二（21）班　章雅诗　　高二（14）班　吴瑞钰　　高二（17）班　黎冬泳

高二（17）班　庄妍　　高二（2）班　黄芯倩　　高二（8）班　黄文越

高二（3）班　彭利智

高二（12）班　方庆樽

高二（1）班　黄亦驰

高二（10）班　刘菁璇

高二（22）班　罗雅莎

高二（16）班　郑绮彬

高二（2）班　吴骏彦

高二（20）班　钟锐瑶

高二（6）班　杨柳海

高二（2）班　黄芯倩

高二（11）班　吕慧妙

高一（2）班　叶铠铭

高二（12）班　徐佩永

高二（12）班　杨莉莉

高二（8）班　施晶妮

高二（17）班　管红倩

高二（11）班　赖童思

高二（1）班　陈晓丹

高二（22）班　杨清珠

高二（21）班　陈雨桐

高二（15）班　罗涵

高二（2）班　魏嘉言

高二（11）班　姚熙楠

2023年海丰县彭湃中学高二部分学生美术鉴赏电子版作业展述

在美术鉴赏课堂上，叶宇斌老师带头努力践行着核心素养观下的课堂改革与实践，深深懂得现代课堂需要提升学生的核心素养，就是要在真实情境中提高学生解决问题的能力，通过自主合作探究性的美术鉴赏、走向讲台讲授美术鉴赏、撰写美术鉴赏心得体会等多种创新形式，让学生真正得到了获取知识的能力，也充分展示出了叶宇斌老师和工作室团队成员们的课堂改革探索。

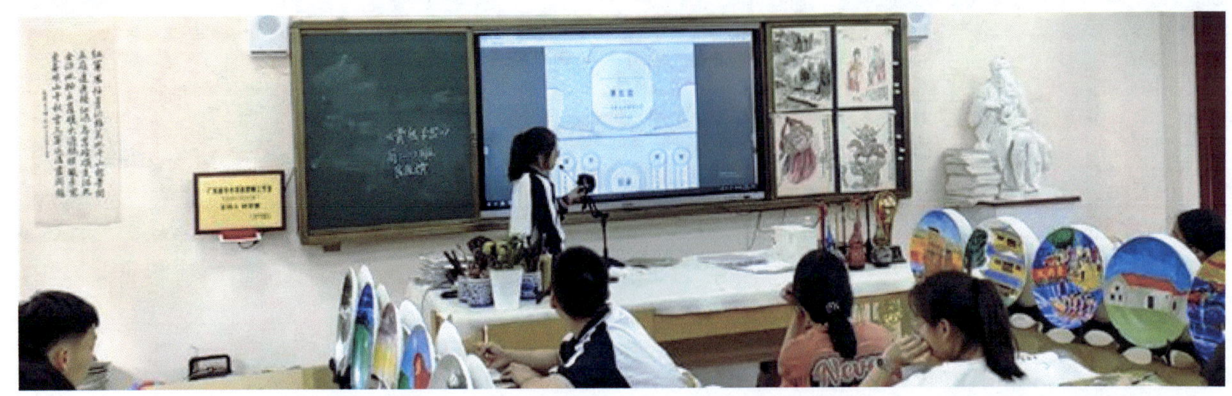

作业展述现场

高二（5）班　许凯颜　“嵌瓷”

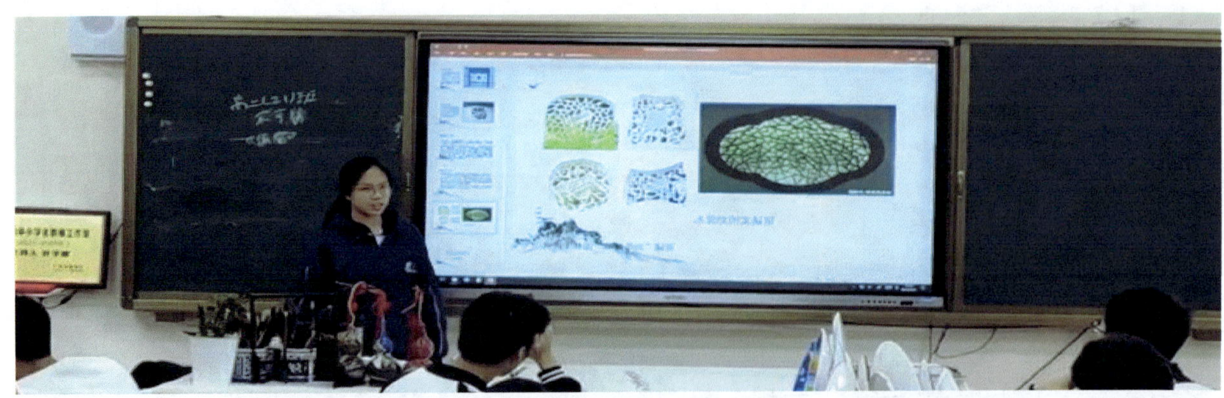

高二（2）班　宋宇纳“漏窗”

高二（21）班　陈雨桐“中国超写实油画”

高二（12）班　刘嘉荫“赏析中国瓷器”

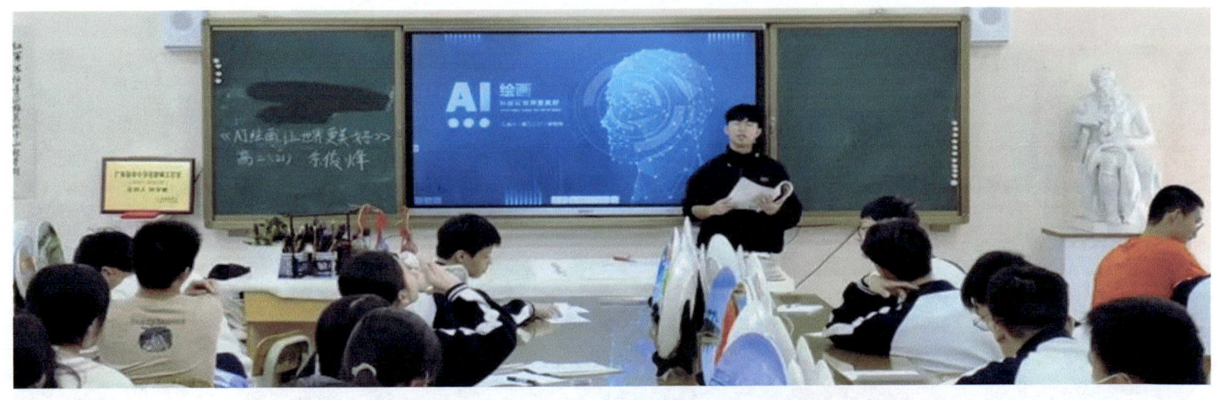

高二（21）班　余俊烽“AI绘画让世界更美好”

高二（20）班　李佳茵“插画”

高二（14）班　陈海丽“富春山居图”

高二（16）班　戴佳怡“19世纪欧洲名画”

高二（16）班　吴阳鸿“清明上河图”

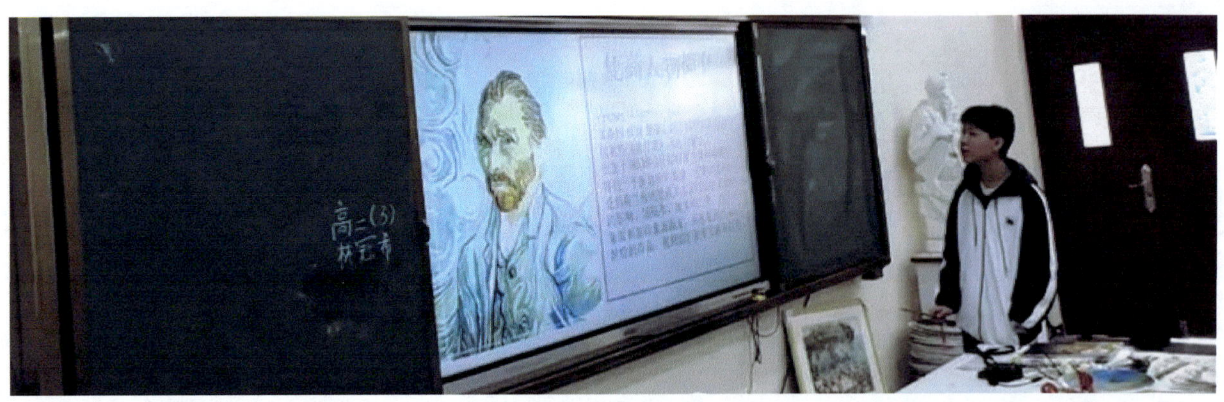

高二（3）班　林冠希“凡·高”

高二（12）班　林厚霖“毕加索绘画鉴赏”

高二（17）班　姚紫霖“天子山农业公园”

高二（12）班　陈可雅“水墨画发展史”

高二（20）班　李佳茵“插画”

高二（14）班　陈海丽“富春山居图”

高二（16）班　戴佳怡“19世纪欧洲名画”

高二（16）班　吴阳鸿“清明上河图”

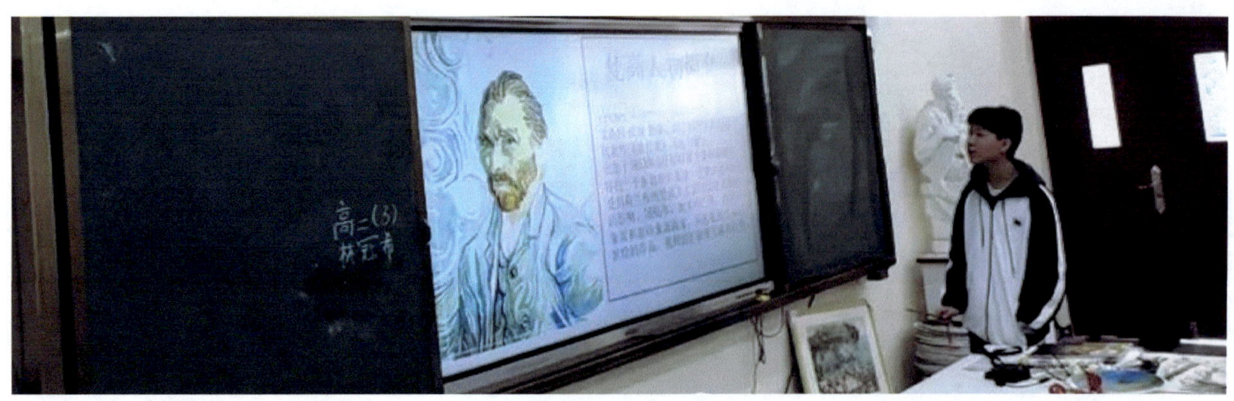

高二（3）班　林冠希“凡·高”

高二（12）班　林厚霖“毕加索绘画鉴赏”

高二（17）班　姚紫霖“天子山农业公园”

高二（12）班　陈可雅“水墨画发展史”

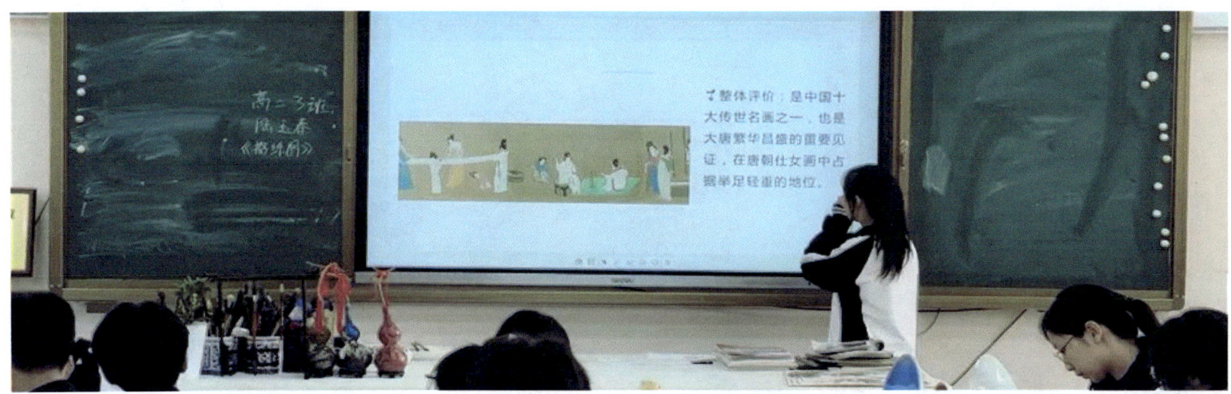

高二（3）班　陆玉春“捣练图”

高二（3）班　林思铟“中国园林建筑鉴赏”

高二（3）班　张雯涵“流民图”

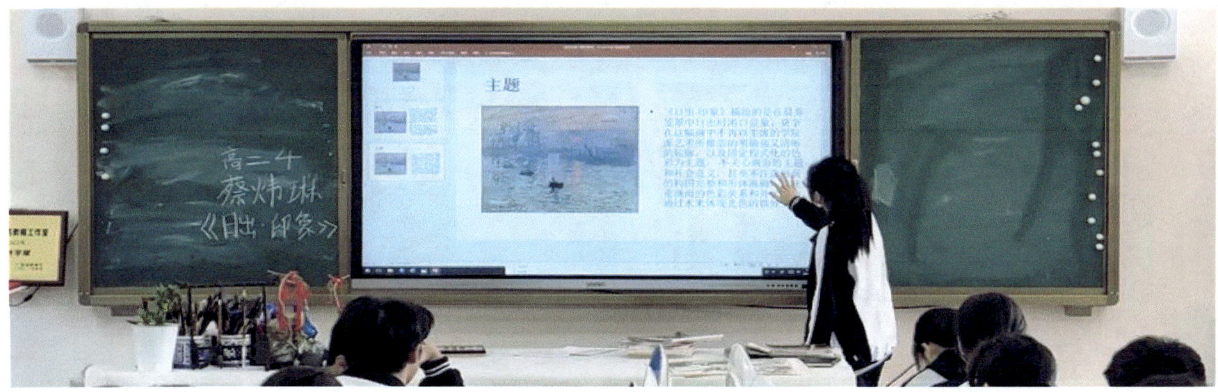

高二（4）班　蔡炜琳“日出·印象”

高二（6）班　黄秀菲“弗雷德里克·莱顿”

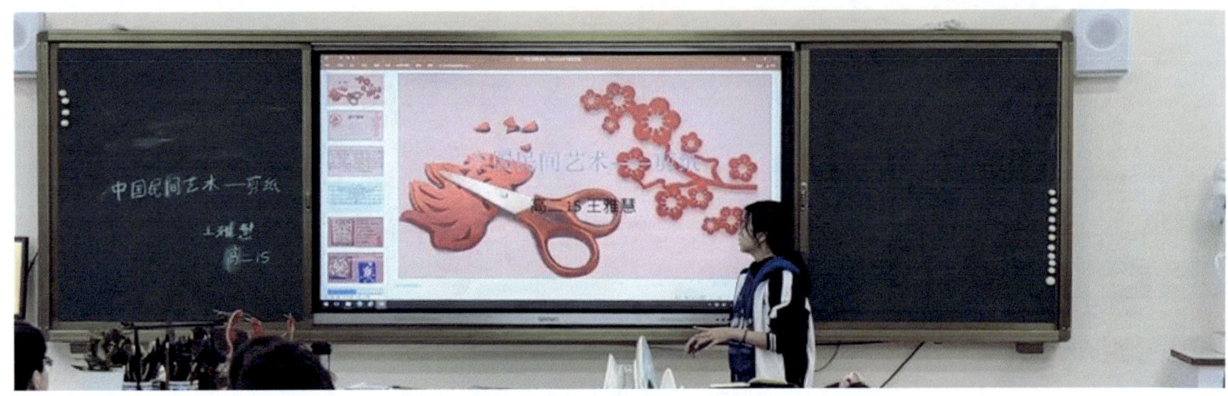

高二（15）班　王雅慧“中国民间艺术——剪纸”

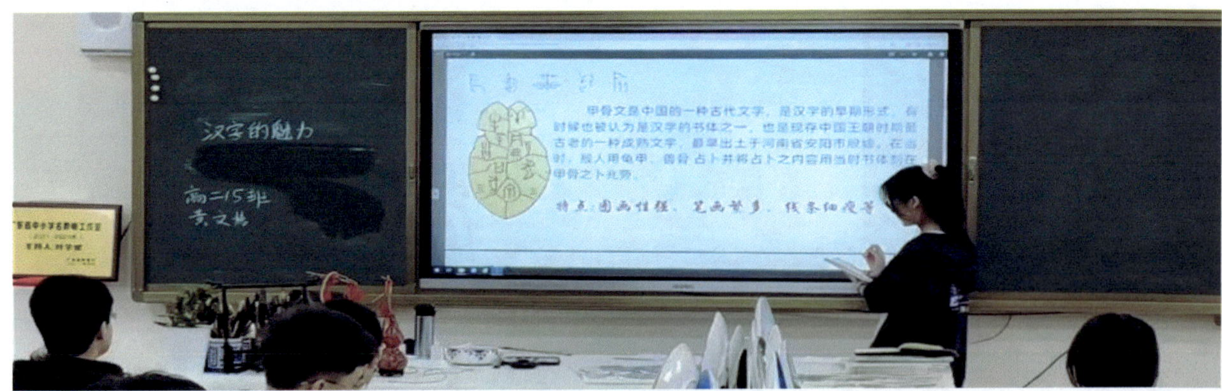

高二（15）班　黄文慧“汉字的魅力”

高二（15）班　吴继禄“凡·高自画像鉴赏”

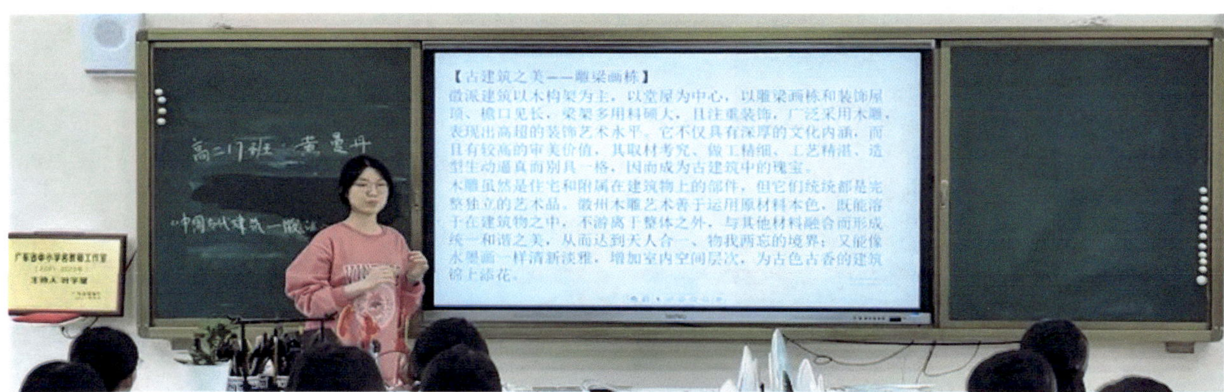

高二（17）班　黄曼丹“中国古代建筑”

高二（18）班　朱微微“摄影构图”

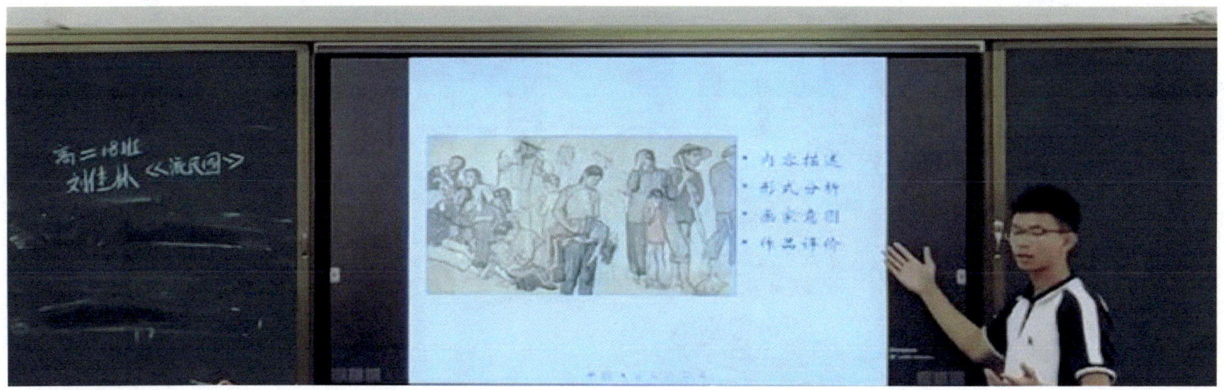

高二（18）班　刘佳林“流民图”

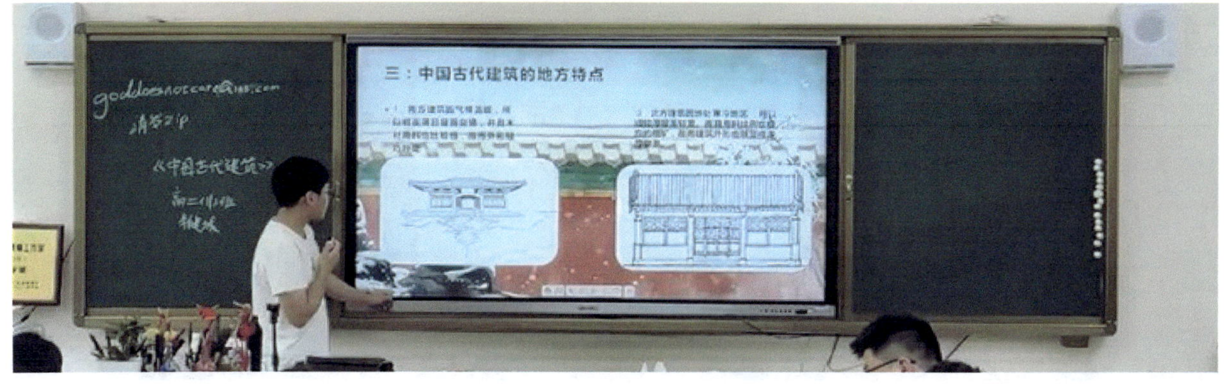

高二（11）班　李健城“中国古代建筑”

高二（11）班　万冬缘“艺术疗愈”

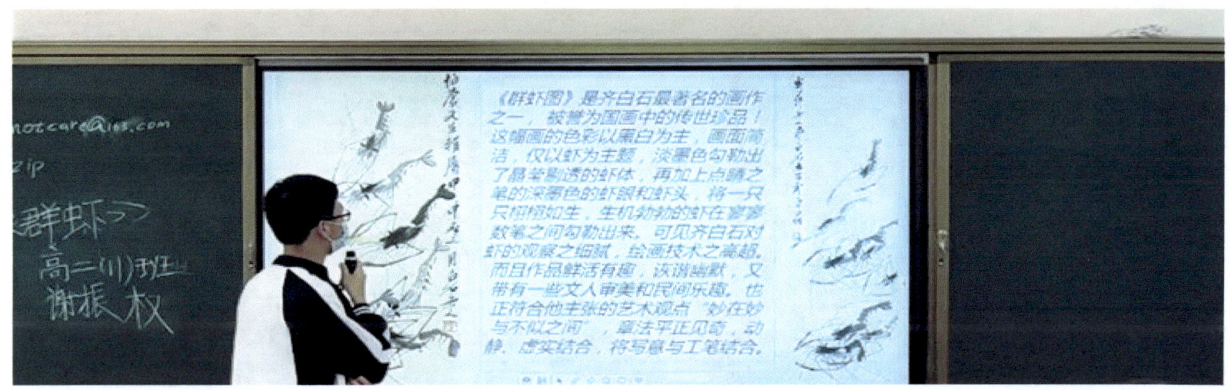

高二（11）班　谢振权“群虾”

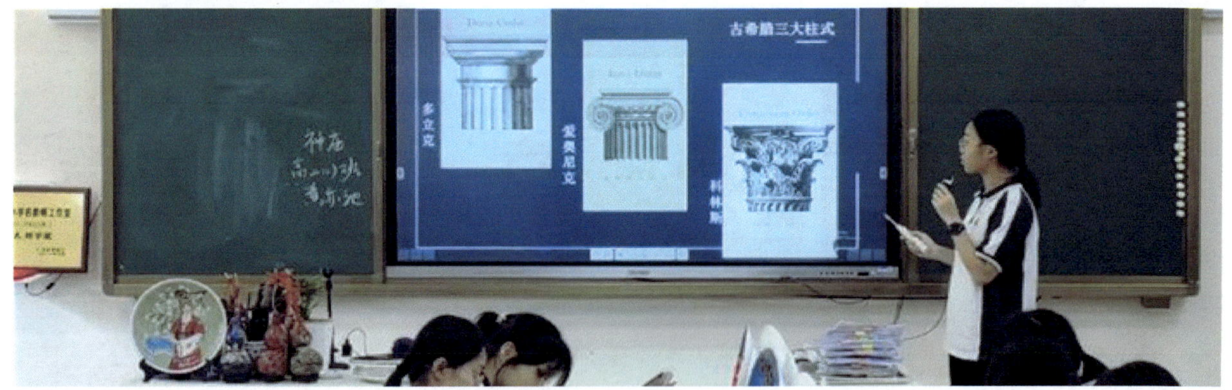

高二（11）班　黄亦驰“神庙”

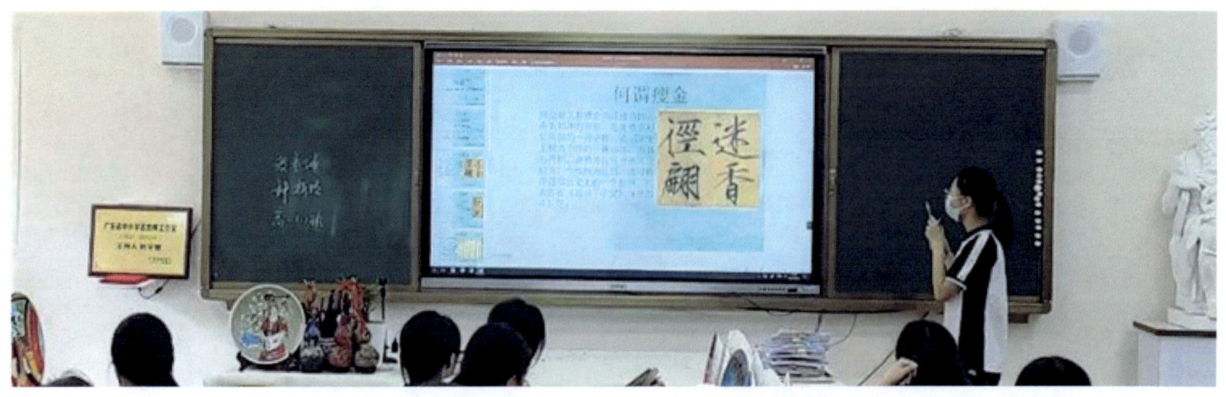

高二（1）班　郑斯明“瘦金体”

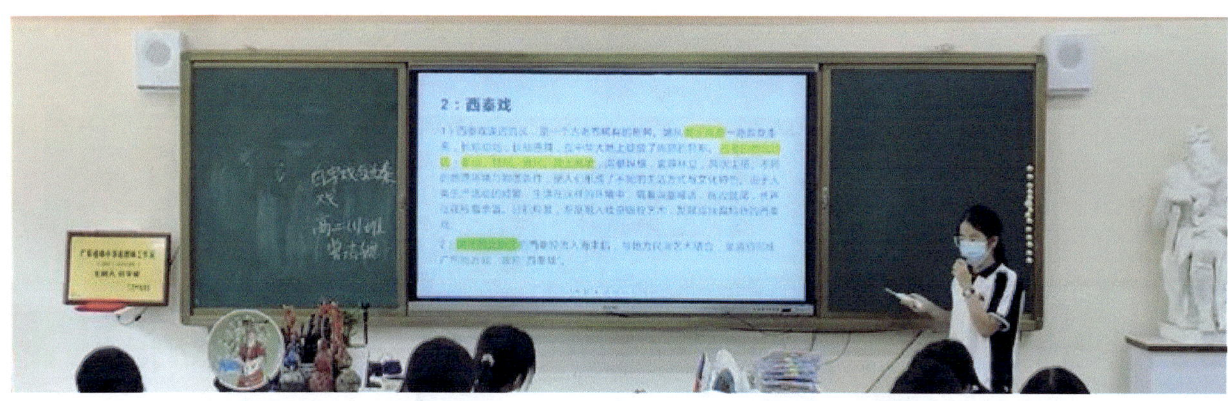

高二（1）班　曾洁锶“白字戏与西秦戏”

高二（1）班　刘甄清“超现实主义”

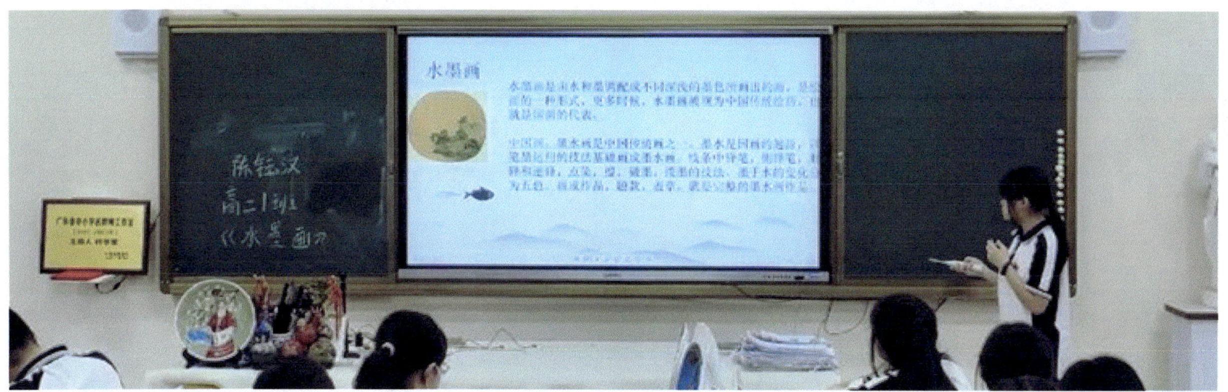

高二（1）班　陈钰汶“水墨画”

高二（2）班　叶智慧“向日葵”

高二（6）班　曾淑君“假面舞台”

第六篇

工作室教学案例、论文

“汕尾地方民间美术特色创作”教学案例

海丰县彭湃中学　叶宇斌

广东每个市都有自己的特色地方民间艺术，例如汕尾市有久演不衰的“正字戏”“白字戏”“西秦戏”“皮影戏”四个古老稀有剧种，有宋代流入、全国绝无仅有的陆丰大安“滚地金龙”，有元末明初形成的“汕尾渔歌”、明朝万历年间形成的“钱鼓舞”等。2008年1月，汕尾市被中国民间文艺家协会命名为“中国民间文化艺术之乡”。

基于广东文化艺术特色，我在课堂内外美术教学时，深度进行地方民间美术特色教学实践，产生了大量地方民间美术特色教学作品。这里展示的是部分学生作品。

1. 汕尾红色题材

高一（7）班　陈晶

高一（8）班　黄若琳

高二（4）班　张诗敏

高一（11）班　程宇豪

高一（12）班　吴雅琪

2. 百年老校

高一（7）班　苏智坪

高一（9）班　林思静

3. 汕尾白字戏、西秦戏

高一（13）班　林志诚

高二（6）班　张晓雪

高一（17）班　施泳泳

高一（9）班　吴泽浩

高一（4）班　李诗凯

高二（17）班　郑宇宏

高一（17）班　林晓燕

高一（2）班　陈柏霖

高一（15）班　陈晓玉

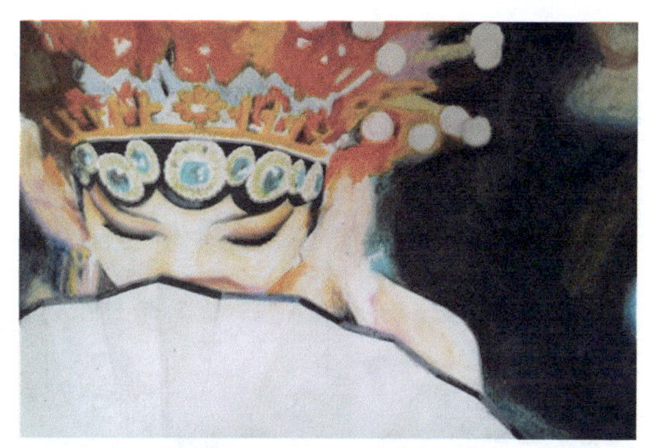

高一（2）班　张艺

4. 海丰麒麟舞

高一（2）班　徐雅婷

高一（6）班　陈柏霖

5. 海丰水鸟

高一（7）班　曾彩萍

高一（8）班　阙木梅

6. 厝

高一（5）班　江宇琪

高一（7）班　黄若绮

7. 凤山妈祖风车岛

高一（10）班　黄蔓雅

高二（15）班　陈美琪

8. 红海湾

高一（4）班　罗若盈

高一（5）班　李铠丹

9. 海鲜

高一（8）班　徐俊威

高一（6）班　罗海辉

10. 赛龙舟

高一（5）班　吴泽霖

高一（9）班　周雅妮

11. 陆丰皮影戏

高二（15）班　刘淑琳

高一（7）班　林雨婷

12. 渔港

高二（11）班　陈斯洁

高二（11）班　陈芊莼

13. 葫芦画

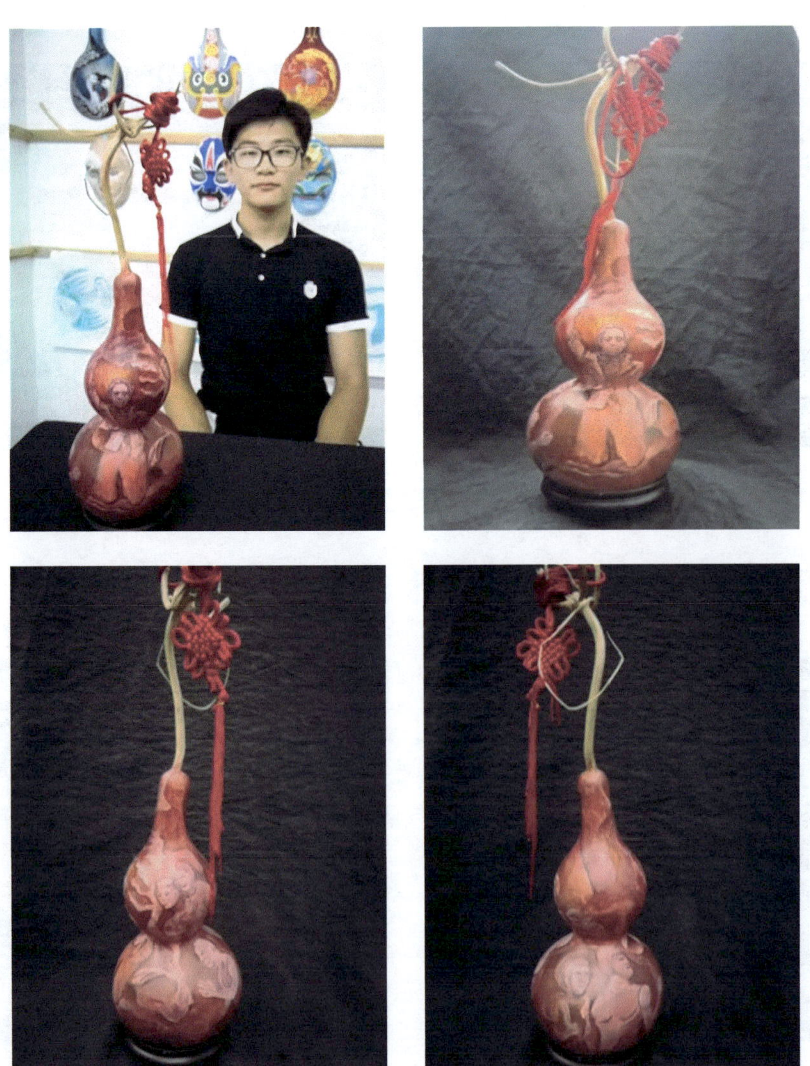

高二（9）班　吴泽浩《彭湃烧田契》

高二（1）班　郑微　《大湖鹭雾》

14. 石头画

高一（3）班　刘炫莹

高一（2）班　吴燕娜

附：

“汕尾地方民间美术特色创作”教学过程

一、导入新课

学生采集各类素材（如现场拍照、写生速写、录像）展现汕尾特色题材，并利用丙烯这种特色材料去体现丰富多彩的地方特色。

让学生了解汕尾题材特色创作的基本原理，掌握汕尾题材画的基本知识。通过讲授、示范使学生懂得丙烯颜料在汕尾题材特色创作中的作用，线描独特的审美表现特点，掌握用笔、用线的特点。学生能够分析艺术作品汕尾题材特色创作的象征意义。学生能够尝试运用汕尾题材特色创作来表达自己的情感。

二、作品赏析，技法讲解

教会学生运用传统丙烯画技巧创作，找到用线感觉，力求做到工整、细致，有几分神韵。

赏析作品，细细品味其中的韵致，探究一下各自的表现特色。

学生创作一

第一，前期由学生购买圆盘画工具。第二，草稿阶段审图定图。第三，上色步骤讲解。第四，调整完成。

第一周：介绍圆盘画及丙烯颜料特点，准备工具。第二周：开始草稿设计，学生在自己搜集的素材（如原创相片等四五张）中选一张作为正稿草稿。第三周：起稿，用铅笔在圆盘起稿，注意线条表达细腻，构图合理。第四周：上第一层色，宜薄，水分合适。第五周：细节刻画，画出清新脱俗的丙烯圆盘画。第六周：作品完成，最后调整。

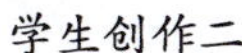

学生创作二

学生创作三

创作一个汕尾题材的作品，找到用线感觉，力求做到工整、细致，有几分神韵。如舞狮、水鸟、莲花、红海湾、渔港、赛龙舟、灯会、潮汕特色房屋、红色文化、门神、戏剧等题材的作品。

现在高中学生在审美、美术设计、创作方面相当有格调美感，所以教师在教学时要紧贴时代，和当地的美术地方资源结合在一起，激发学生的创作灵感和画我美丽家乡的美好愿望，创作一批有品位、有地方特色的美术作品。

《中国中小学美术》发表相关论文

广东省中小学叶宇斌名教师工作室主持人叶宇斌老师的论文《高中美术鉴赏和绘画结合的教学行动研究——以海丰县彭湃中学为例》发表在《中国中小学美术》2021年第7期。

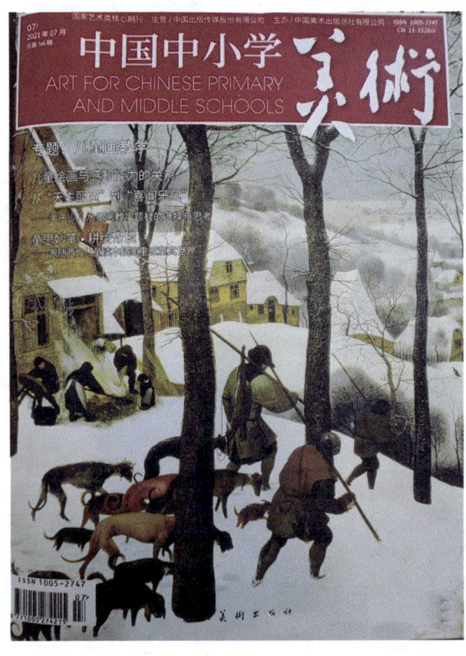

中国中小学

美術

ZHONGGUO
ZHONG-XIAOXUE
MEISHU

目次
CONTENTS

专题　儿童画教学
04 / 儿童绘画与感知能力的关系
08 / 从“天生丽质”到“喜闻乐见”
——关于少儿水墨画教学题材的选择与思考
13 / 由形到心，以生为本
——儿童写生表现的教学指导
16 / 儿童画教学手记
18 / 儿童画写生教学
——门洞的画法
20 / “童话里的家乡”教学设计
教育研究
24 / 解构当代美国艺术教育标准
——以2014版美国《国家核心艺术标准》为例
29 / 原生艺术视域下的儿童美育实践
33 / 试论高中美术鉴赏教学中学生美术核心素养的培养
教材教法
36 / 以“三重视角”解读美术作品中的人文意蕴
——以“海角版画欣赏”一课为例

高中美术鉴赏和绘画结合的教学行动研究

——以海丰县彭湃中学为例

高中美术鉴赏和绘画结合的教学，主要是通过对美术作品的感受、认识，帮助学生完善自己的道德品格，形成正确的审美观、世界观、人生观，在开发学生心智、潜能等方面都有重要意义。现阶段美术鉴赏、绘画和其他基础教学一样，存在着严重的重视基础知识而忽视其他方面能力的培养的问题，在新课程标准理念的指导下，本人结合自己的教学实践谈谈高中美术鉴赏和绘画结合的教学的几点思考和做法。

一、美术鉴赏和绘画结合的教学要重视学生的情感因素

美术课程标准提出了“情感态度与价值观”的概念，其目的是强调通过学生自己亲身的美术活动，来体验和感受活动的价值，从而形成自己的艺术和价值观念。如鉴赏北京故宫建筑会激发人们的民族自豪感，鉴赏拉斐尔的《西斯廷圣母》会让人感受到一种愉悦、亲切之感，而看到潘鹤的雕塑《艰苦岁月》则会让人感受到革命先辈的英雄主义和乐观主义精神，崇敬之情油然而生。因此，在高中美术鉴赏教学中，如果忽视学生的心理感受和情感的参与，那就根本谈不上真正的鉴赏。

但是中学生由于生活阅历、审美经验、知识修养的不足，对美术作品积极主动地鉴赏是比较困难的。教育学家第斯多惠在《教师规则》中讲过：“我以为教学的艺术，不在于传授的本领，而在于激励、唤醒。没有兴奋的情绪怎么激励人？没有主动性怎么能唤醒沉睡的人？”我想这句话应该能给我们以启迪，在美术鉴赏教学中需要教师对学生做适当的引导和激发，其过程可分为三个步骤。一是引发学生的情感，教师可帮助学生分析美术作品的形象、情节，特别是一些引人入胜的细节内容，如《蒙娜丽莎》的神秘的微笑、古希腊雕塑《拉奥孔》的痛苦的表情等。二是适当提出一些问题来激发学生的想象，要注意问题不要太多，要少而精，重点要突出。三是要以肯定的态度来评价学生的作品，这一点很重要。在高中美术绘画活动中，我深深体会到学生创作美术作品需要展示的情感需要，申请制作了四个大型美术专用栏，立在海丰县彭湃中学主校道、彭湃烈士像旁，长期不定期展示全校师生美术作品，开创海丰县彭湃中学两年一次全校学生“百米画卷现场作画”活动。并把学校美术活动的介绍以及相关作品发到我的省工作室公众号、个人微博、博客与更多的人分享。

作为美术科组的负责人，组织这样全校的展演活动，需要一点智慧和体力，也需要同事和学生配合。同学们画得很投入，自由发挥，提高了创作能力，以及将美术鉴赏和绘画结合的能力。让美术走进课堂、走进校园。

二、美术鉴赏和绘画结合的教学要注重作品的文化情境

首都师范大学美术学院尹少淳教授在阐述“美术课程标准”时，指出新课标的基本理念之一就是“要在广泛的文化情境中认识美术”，因此，在美术鉴赏教学时，不能单讲技法，要把美术作品放在一定的文化环境中去学习。那么具体怎么做呢？首先为了帮助学生更好地理解作品的内涵，需要了解作品产生的时代背景和相关的历史故事。如鉴赏拉斐尔的《雅典学院》时，就有必要介绍文艺复兴运动的历史以及“人文主义精神”。为了提高学生的学习兴趣，可以通过各种方法来了解这些知识，如放录像、到图书馆查资料、上网搜寻等。其次，还要尽可能创设一些教学情境，帮助学生获得更加丰富的体验。有时还可以选择一些具有文学情节的作品供学生鉴赏。

我们知道艺术源于生活，生活中的美术现象也随处可见。在进行美术鉴赏和绘画教学时，可以把课内与课外、校内与校外的活动相结合，并与学生的生活经验密切联系，扩大学生的视野，增强他们的感性认识，创造一个更为广阔的文化情境。如果有条件，还可以带学生参观当地的美术馆、博物馆，或参观当地的文化遗产，如宗教建筑、园林、民居。广东省海丰县有国家级非物质文化遗产海丰地方戏剧白字戏、西秦戏、麒麟舞。我尝试将地方民间文化联系美术课堂教学，下面是海丰县彭湃中学2020年高一学生参与“汕尾地方民间文化美术教学的行动研究”创作的部分作品。

学生作品

海丰白字戏是一个多源流、多声腔的古老稀有国家级非物质文化遗产剧种，距今有近800年的历史。白字戏，俗称“白字仔”“弄仔戏”“哎咿嗳”。西秦戏，系明代西秦腔（即琴腔、甘肃调）流入海丰后，与地方民间艺术结合，至清初逐渐游离于本腔（西秦腔）而自立门户，形成别具风格与特色的地方戏曲西秦戏——乱弹系统中的一个剧种。以上海丰县彭湃中学高一学生参与高中美术鉴赏和绘画教学“海丰地方戏剧对美术课有效教学的行动研究”的部分作品，被广东名师工作室公众号转载并上传至工作简报。

美术鉴赏和绘画的结合教学是一门综合性学科，它涵盖了人们生活的各个方面，涉及经济、政治、文化、军事等各个领域，里面渗透了各门学科的知识，所说一定要在广泛的文化情境中去鉴赏美术作品。

三、美术鉴赏和绘画的结合教学要强调多元化

“有一千个读者，就有一千个哈姆雷特。”任何一件优秀的作品，不同的人，在不同的情况下鉴赏，都会有不同的感受，这也正是美术鉴赏的魅力所在。事实上，美术课本中大部分文字鉴赏的叙述部分只能代表一家之言，不是唯一的。美术鉴赏和绘画的结合教学应该注意培养学生的创造性思维，不能搞教师一言堂或者照本宣科，它不像数学、物理那样只有唯一的标准答案，而是应该有差异性，要能容忍和接受学生的各种见解和感想。在教学中，教师要对学生的看法、观点持有正确的态度，让学生得到成功的体验和喜悦。

1. 互动式教学

互动式的教学方式真正体现了以人为本、以学生为主体的教育理念，有着传统教学模式所无法比拟的优势，可以充分利用学校的课堂教学和校园文化艺术，师生互动、生生互动、课内外互动。

让学生主动走进生活，走进生活中的文化艺术，与这些文化艺术产生直接的交流互动。

2. 情境式教学

在美术鉴赏教学中，有时为了深化主题，突出欣赏作品鲜明的时代、民族个性特征，可以针对美术作品、美术家、美术现象，用有关的音乐、故事、影视等创设背景情境，从而调动学生的欣赏积极性，感染学生的欣赏情绪。

3. 乡土化教学

高中阶段的乡土美术教学，就是要将丰富多彩的乡土美术引入课堂，也就是要充分挖掘课程资源。由于乡土美术包含着广泛而独特的地理知识、历史遗迹、民俗文化、民间故事等内容，所以要让学生通过鉴赏教学认识传统的地方文化，培养其民族美术的认同感。

4. 演说式教学

高中美术鉴赏教学，要鼓励学生积极参与教学过程，组织学生从自身体验出发，开展对不同作品的比较和评论。让学生有赏而感，有感而发，强调学生读与说的能力。为此，教师不仅要重视对学生画面描述能力的培养，还要教导学生学会用美术语言、文学语言表达欣赏、理解，重视对作品评价鉴赏能力的培养，使其“心领神会，悟对神通”。

海丰县彭湃中学高一同学在课堂上带来精彩的美术鉴赏讲课，很多同学找来大量资料，做了唯美的课件，建了微博、公众号，写了QQ空间的日志，展现了有个性的美术作品，让老师和同学们感动、感悟。相关内容、照片记录在学校美术展框。我尝试着做美术课堂的倾听者和主持人，拍照片，拍视频，让学生上讲台做小老师，起到了意想不到的好效果，学生自主学习，美术课堂气氛很好。

同学们带来了精彩作业并获得了A以上成绩，名单如下：高一（9）班彭成言的“柳鸦芦雁图”，高一（11）班肖日光的“后母戊鼎”，高一（15）班龙嗣的“齐白石”、钟燕柳的“圣瓦里大教堂”、李利频的“塔桥”，高一（14）班王志超的“图坦卡蒙”、刘旭升的“世界八大奇迹”，高一（16）班李奕的“女神阿芙洛狄特”、秦娅的“与命运顽强做斗争的人——凡·高坎坷的一生”、林锦颖的“泰姬陵”，高一（15）班尧建荣的“被赋予生命的画”、黄虹霓的“关于凡·高”、马俊程的“3D画鉴赏”、吴芷榆的“自由引导人民”，高一（14）班黄林玲的“中国十大自然艺术”、戴思欣的“我们从哪里来？我们是谁？我们到哪里去？”、陈诚希的“天空”、庄晓琦的“泰姬陵之美”。我当起同学们的助手，同学们专业的制作、精彩的上课演讲，在课堂上赢得了阵阵掌声。

学生讲述美术鉴赏作业

四、结语

新课程理念告诉我们，美术鉴赏和绘画结合的教学应该看重其学习的过程，不要过于追求结果，也很少有统一性，这样有利于学生进行积极思维，使学生学会研究问题的方法，锻炼其独创思维的能力，增强美术欣赏的兴趣，提高学习效率。

学校美术教育，是在全面发展的素质教育思想指导下学校教育体系中，通过美术活动的方式去培养学生的学科，其目的不是培养专业美术家，而是通过美术教育让学生掌握美术方面的知识，去培养学生美术方面的种种能力和品质。在新课程标准理念的引导下，我们应该清楚地认识到：高中美术鉴赏和绘画结合的教学主要通过鉴赏和绘画教学活动来培养学生的审美能力，而不是掌握多少美术史论和美术技法、理论，其根本目的是学会用一种美好的心态面对社会、面对未来。

参考文献

[1] 广东省教育厅教研室. 广东省普通高中新课程美术学科教学指导 [M]. 广州：广东教育出版社，2004.

[2] 华南师范大学美术学院，广州市少年宫美术学校. 第6届海峡两岸美术教育交流会论文集 [M]. 广州：华南师范大学美术学院，2006.

[3] 徐改，刘晨. 中外美术鉴赏 [M]. 北京：清华大学出版社，2009.